¿AUTISMO...?

ESTRELLA RUBILAR ARAYA

¿AUTISMO...?

Una guía sencilla para entender a tu hijo

VERGARA

Barcelona · México · Bogotá · Buenos Aires · Caracas
Madrid · Miami · Montevideo · Santiago de Chile
2015

¿Autismo...?,
Una guía sencilla para entender a tu hijo
Primera edición, noviembre de 2015

D. R. © 2015, Estrella Rubilar Araya
D. R. © 2015, Ediciones B México, S. A. de C. V.
        Bradley 52, Anzures DF-11590, México

ISBN: 978-607-480-910-7

Impreso en México | *Printed in Mexico*

Para ti, mi muy amado papá, que desde el lado de Dios sé que nos sigues cuidando. Tú me enseñaste a perseverar, a seguir luchando a pesar de no tener fuerzas, a reír en lugar de llorar en las malas situaciones. Tú, mi consejero, mi gran amigo, mi mentor, mi maestro, mi apoyo incondicional, mi ejemplo de amor absoluto; tú me aceptaste como era, con todas mis rarezas, a las que siempre supiste darle la mejor cara, y que desde la otra vida, lo seguirás haciendo, estoy segura…

Este libro es para ti, papá. No sería la persona que soy ahora de no ser por ti. Gracias por todo, por todas tus enseñanzas, por tu apoyo, por tu gran amor, por ser siempre el más grande guerrero, hombre, ser humano, padre, esposo, hermano, hijo y amigo incondicional. Te mantienes vivo en nuestros corazones. Siempre serás grande, amado; siempre estarás con nosotros. Gracias, siempre gracias, papá…

Y por supuesto, este libro se los dedico a mis hijas, a quienes amo y son mis pequeñas musas. Ustedes son mi fuente de inspiración, la luz y la alegría de mi vida.

Introducción

HE CREADO ESTE LIBRO COMO UNA GUÍA SENCILLA PARA las familias que se enfrentan por primera vez al sendero del autismo, ya seas mamá de una niña o un niño con autismo o seas padre, hermano o hermana, abuelo, familiar o amigo de alguien que sufra este padecimiento. De corazón, espero que estas palabras le sirvan a tu familia como un medio de ayuda, una guía que brinde una luz sobre el trayecto que les espera o que ya están atravesando junto con sus hijos con autismo.

A través de mis experiencias, deseo contarte lo que ha significado vivir con una pequeña con autismo, desde el momento en que nos enteramos del diagnóstico de nuestra hija hasta nuestra vida actual, y también desde mi propia perspectiva de una mujer adulta con Asperger.

Esta es una diminuta guía para los padres que comienzan a introducirse en este sendero del autismo de la mano de sus hijos. Una guía como la que me habría gustado tener en casa cuando inicié este largo trayecto, escrita con el corazón de una madre.

Entre estas páginas deseo compartir con ustedes datos que hemos ido recabando a lo largo de los años. El autismo es un tema siempre nuevo, cambiante; los descubrimientos, artículos y estudios no dejan de actualizarse cuando hablamos de este trastorno.

Aquí recopilo la información y experiencias que para mi familia y mi hija han sido fundamentales, esto como una forma de introducirlos al tema, guiarlos por el sendero que deseen tomar más adelante y compartir una visión personal sobre el autismo.

Deseo hacerlo de una manera amena, no busco crear una imagen negativa, de lástima o deprimente hacia las personas que sufren este trastorno; por el contrario, quiero enseñarles que el camino del autismo es el de una lucha que puede estar colmada de alegrías y triunfos personales: los que tenemos al lado de nuestros hijos.

Es así como veo nuestra lucha, una lucha diaria de amor.

Quiero mostrar la importancia del amor, de ese sentimiento que nos mueve como familia, a mí como una madre que lucha por sacar adelante a su hija, siendo ella la motivación que me impulsa a estudiar e intentar —en la medida de lo posible— conocer nuevos tratamientos y, a la vez, aceptar a mi pequeña como es: una niña con autismo, no un autista.

Bienvenido
al mundo del autismo

EL AUTISMO ES UN CAMINO QUE EN PRIMERA INSTANCIA puede parecer oscuro, tormentoso o incluso terrorífico. No lo es. Como madre de una niña con autismo y una mujer con un diagnóstico propio de autismo, te aseguro que no estás entrando a un valle tormentoso de angustias, pena y dolor.

Padre, madre, hermano o hermana, abuelos, tíos, familia y amigos: siéntanse bienvenidos al mundo del autismo.

No se asusten, no teman, no es nada de otro mundo. Sus hijos no se han convertido en personas diferentes a las que eran antes de obtener el diagnóstico.

Ustedes siguen siendo los mismos padres, los hermanos y familiares cariñosos, los amigos infaltables. Nada ha cambiado. Aquí no hay culpables. Sólo amor y retos.

Sí, vendrán retos. ¿Pero quién está exento de ellos en la vida? Como suelen decir: respira, es sólo autismo. Y es verdad. Su hijo no ha dejado de ser el niño maravilloso, bello e inteligente que siempre ha sido ante sus ojos. Un diagnóstico no lo ha cambiado. Sólo nos ha impuesto un sendero un poco diferente al que teníamos pensado en un principio.

Los retos y dificultades que se presenten los podrán sortear siempre, sólo deben mantenerse unidos con su hijo y con la cabeza en alto. Pero como padre, es algo que ya tenían planeado hacer, así que nada ha cambiado.

Sí, quizá las dificultades que lleguen de ahora en adelante puedan ser un poco mayores a lo que podrían haber pensado, pero les aseguro una cosa, ustedes tienen la fortaleza suficiente para superarlas. Y su hijo también, porque los tendrá a ustedes como compañeros y guías.

Así, pues, a ponerse las pilas y salir adelante. Hay un largo sendero por recorrer, pero es un camino de alegrías, metas y logros que —¡les aseguro!— les cambiará la vida para bien.

Si hay algo que pudiera concluir de lo que he visto a lo largo de este trayecto, conociendo a tantas familias dentro del autismo, es que todo niño con autismo ha venido a este mundo a mejorarlo, y en su camino, convierte a los padres y a todos los que le rodean en mejores personas.

Dentro de muy poco tiempo aprenderán a ver con otros ojos el mundo y a valorar aquello que en otro momento podría pasar desapercibido. Descubrirán lo hermoso de una sonrisa; comenzarán a agradecer los pequeños pasos hacia adelante; aprenderán que una caída no es lo mismo que una derrota, a enfrentarse a su presa con la misma fuerza que un león y a ponerse en pie todas las veces que sea necesario, con la intención de enfrentar al mundo y sus obstáculos.

Así nos definimos los padres de familias con autismo: fuerzas de la naturaleza imparables y poderosas que haremos frente a lo que sea con tal de sacar adelante a nuestros hijos. Padres que harán lo que sea para defenderlos de las injusticias de este mundo. Padres que se unirán con otros para compartir vivencias y apoyarse mutuamente.

Padres que aprenderán que lo más importante y valioso, por encima de todo, es el amor y la aceptación que le demos a nuestros hijos. Padres que, antes que nada, amarán a sus hijos como son y verán en ellos a los seres más perfectos que pudieron pisar este planeta. Padres que un día conseguirán ver a su hijo a los ojos y comunicarse con él sin usar palabras. Padres que, llegado el momento, mirarán al cielo y darán gracias. ¡Gracias por enviarme a este niño inigualable a mi vida! Padres que mirarán a su hijo a los ojos y le dirán: «¡Gracias, gracias por ser como eres! No cambiaría nada de ti. ¡Eres perfecto!».

Padre, madre, hermano, familia o amigo de un niño con autismo, bienvenido a la hermosa aventura de lo que es el autismo.

Felicidades, tienes un hijo con autismo.

Marian, mi hija

ELLA NO ES UNA MAESTRA, PERO SIN DUDA ME HA ENSEñado muchas cosas. Una nueva forma de ver el mundo, una nueva manera de encontrarme con él, una nueva visión: *su* visión.

A través de los ojos de Marian he conocido un mundo nuevo, una nueva perspectiva de ver la vida, de ser mejores seres humanos, a saber valorar los pequeños triunfos y celebrarlos como gigantes. A vivir cada día en el más sincero y puro amor.

Mi hija tiene autismo, pero no es una autista.

El diagnóstico no define a mi hija. Ella es quien es como persona, una niña auténtica, única, valiosa, especial, hermosa e inteligente. Hay cientos de palabras que la definen, pero no «autista». Ella no es un título de un diagnóstico grabado en su frente, ella es sencillamente quien es; Marian, una niña espectacular con pensamientos e ideas propias, emociones y una personalidad única.

Y, junto a su hermana, es la persona que más amo en este mundo. Con o sin diagnóstico de autismo.

El autismo tiene muchas definiciones. Una de las más conocidas, es la utilizada por la organización Autism

Speaks, en cuyo manual, que se ofrece a los padres con niños con autismo, refiere: «El autismo es un término general usado para describir un grupo de complejos trastornos de desarrollo del cerebro, conocido como Trastornos Generalizados del Desarrollo, TDG (*Pervasive Developmental Disorder*, PDD).»

Esta misma definición nos habla de lo poco que se conoce del autismo. Dentro de este enfoque, podrían entrar toda clase de casos de desórdenes por los que atraviesa un ser humano en su desarrollo.

Es por eso mismo que me gusta hablar poco sobre definiciones.

Es decir, el autismo es un trastorno del desarrollo del cerebro.

Podría poner otras definiciones, pero todas varían con respecto de lo mismo. Es una alteración del desarrollo del niño que afecta su conducta y capacidades de sociabilizar y comunicarse.

Uno de los primeros signos para reconocer a una persona dentro del espectro autista, es que tendrá problemas para comunicarse y relacionarse con otros. Es probable que también muestre rutinas y comportamientos repetitivos. Y una de las características más comunes es la falta de contacto visual. Por lo general, es una de las señales de alarma para reconocer a un niño con autismo; al mirarlo, él rehuirá tu mirada.

El autismo en sí es tan amplio, que dentro de este mismo trastorno se encuentran personas muy diferentes que manifestarán síntomas que pueden oscilar desde leves hasta muy severos. Algunas tendrán la capacidad de hablar, otras no; algunas podrán llevar una vida relativamente normal, otras necesitarán más ayuda para desenvolverse en este mundo; algunas enfrentarán más retos que otras en lo que al campo del desarrollo se refiere; pero todos ellos estarán dentro de este mismo trastorno. A todo este grupo de personas se les designará dentro del Trastorno Espectro Autista (TEA).

Es importante recalcar que el autismo no es sinónimo de discapacidad intelectual.

De hecho, cada vez más estudios demuestran que sólo un bajo porcentaje de niños con autismo tiene también discapacidad intelectual.

Se presenta en cualquier grupo racial, étnico y social.

No se sabe con exactitud por qué el autismo es cuatro veces más frecuente en los niños que en las niñas. Es decir, hay una proporción de cuatro niños por cada niña. En otras palabras, hay más hombres con autismo que mujeres.

Esto quizá tenga que ver con los genes: las niñas poseen genes xx; los hombres xy. Y esto habla de que la genética de una niña puede reparar el daño, utilizando los genes de su otra x, por lo cual una niña debería recibir dos genes x dañados para tener autismo. Esto implicaría que los dos padres tuvieran en su genética el autismo. Pero son teorías todavía bajo estudio, con pocas comprobaciones.

En general, se dice que el autismo dura toda la vida, aunque han aparecido grupos que defienden la idea de que el autismo es curable. Sin embargo, aún no hay bastantes pruebas que respalden esta teoría.

Una cosa que sí es segura es que el autismo es tratable, y que con un diagnóstico temprano y buena estimulación y tratamiento, un niño con autismo puede conseguir superar muchos de los rasgos típicos de este trastorno.

Se dice que el autismo está en aumento y las estadísticas avalan esta idea. Antes había un niño diagnosticado por cada mil quinientos, ahora hay uno en cada 68. Las estadísticas dependen del lugar donde fueron tomados los datos, pero, sin duda, los números son todavía más alarmantes: también se habla de un caso en cada 48 o 58 niños.

Esto convierte al autismo en un trastorno de salud más común que el cáncer, la diabetes y el SIDA pediátricos combinados.

Es claro que algo está pasando, aunque algunos especialistas piensan que como antes no se tenían controles tan estrictos con respecto al autismo, ahora se encuentran más casos con este diagnóstico. También ha aumentado el número de quienes piensan que la contaminación del ambiente, los alimentos y el medio en que nos desenvolvemos están afectando nuestra salud y posiblemente también a nuestros genes.

Y tomando con un razonamiento lógico esta postura, uno puede darse fácilmente cuenta de lo posible que resulta ser esta teoría. Antes los campos no estaban contaminados con pesticidas, ni los productos animales rebosaban de hormonas y químicos; antes la comida no contenía saborizantes artificiales a base de químicos derivados del petróleo. Y antes no había tantas personas con problemas de Alzheimer, cáncer o autismo.

Tomando en cuenta estas ideas, cada vez respaldadas por más estudios médicos, es lógico pensar que la contaminación del ambiente en nuestros cuerpos y el de nuestros hijos, pueda provocar este crecimiento desmesurado del número de niños afectados, al grado de que últimamente se hable de una epidemia de «autismo».

Sin olvidar la teoría de algunos científicos que defienden la postura de que ahora hay un significativo aumento de niños diagnosticados dentro del trastorno, debido a que antes los niños no eran sometidos a estudios tan minuciosos como ahora.

Yo, como una mujer que no fue diagnosticada dentro del espectro autista hasta su adultez, puedo creer que esto es cierto. De hecho, hay varios artículos acerca de que las niñas con Asperger son continuamente pasadas por alto, debido a que se asume que su conducta es producto de la timidez y un retraimiento propio del género femenino.

Sin embargo, el factor ambiental es de tanto peso, que incluso los defensores de esta última teoría lo validan. Es más, cada vez más genetistas toman en cuenta esa posibilidad como una combinación para provocar el autismo junto a la genética, si no es que esta misma contaminación ha modificado ya nuestros genes.

Es imposible no notar la contaminación en la que vivimos o que nuestro medio ambiente es una mezcla de químicos dañinos que de una u otra forma contaminan nuestro cuerpo.

Algunas teorías aseguran que estos químicos, al no poder ser eliminados, se quedan acumulados en nuestras capas de grasa y algunos de nuestros órganos, como el cerebro.

Y una vez más regresamos al autismo, un problema que surge en el cerebro.

Hablaré más adelante sobre esto.

Este espectro es tan amplio, que es muy difícil definirlo, sin mencionar que hay cada día nuevos descubrimientos, estudios y posturas al respecto; y como padres, no resultará difícil seguirles el paso.

Las personas dentro de este espectro son tan diferentes unas de otras, que a veces resulta casi imposible creer que dos seres que no parecen tener semejanza alguna, compartan el mismo diagnóstico.

Una cosa es clara: no hay dos niños con autismo iguales.

Es por este motivo que un padre debe tomar las riendas del tratamiento de su hijo desde un inicio. Ningún médico le pondrá una atención tan personalizada como tú lo harás. Sólo tú podrás saber exactamente qué necesidades, logros, avances y nuevas metas requerirá tu hijo.

Y con respecto a esto, deberás iniciar el sendero del autismo de la mano de tu hijo.

Ver el mundo a través de los ojos de mi hija

Marian tiene autismo severo no verbal.

Eso quiere decir que no habla, al menos no con palabras como lo hacemos la mayoría de las personas.

Muchas veces, para comprender lo que le sucede a mi hija, debo intentar ver las cosas como ella lo hace. A través de sus ojos.

Es una comunicación sin palabras, una conexión que, si bien no es perfecta y no siempre surge, nos mantiene unidas y nos ayuda a entendernos en un lenguaje sin palabras.

Mi marido y yo recorrimos un largo camino para dar con el diagnóstico de autismo. Nuestra hija pasó por una larga fila de médicos, terapeutas, neurólogos, psicólogos, etcétera; nuestros ahorros se agotaron en la espera de conocer qué le sucedía a nuestra hija, y cuando finalmente conseguimos el diagnóstico de autismo, no hubo ninguna victoria en ello…

Nos quedamos paralizados, sin saber qué hacer, sin la capacidad de siquiera reaccionar.

Creo que fue como ese momento tan particular de las películas cuando el protagonista recibe un balazo fatal en el corazón, y al ser incapaz de sentir algo, se lleva las manos al pecho y enarca las cejas al descubrir que están llenas de sangre: le han disparado y pronto morirá, pero él no es capaz de sentir algo... Así fue como sentimos al recibir el diagnóstico de autismo. Sabíamos que era serio, sabíamos que nuestra vida cambiaría para siempre y que a partir de ese momento todo sería distinto a los planes que teníamos.

Tú puedes planear lo que quieras, pero siempre vendrá el destino a darte una patada en el trasero y a reírse de ti y tu ingenua creencia de poder dirigir tu vida.

A pesar de que nosotros sabíamos que un diagnóstico tan drástico como el autismo modificaría para siempre los planes que teníamos para nuestra hija, así como los sueños e ilusiones que con tanto cariño nos habíamos hecho, no pudimos reaccionar en ese momento.

Volvimos a casa en silencio, sentados los tres en el oscuro asiento trasero de un taxi, incapaces de decir algo. De sentir algo... Igual que el herido de bala en el pecho, éramos incapaces de sentir algo...

Es como si en un principio la noticia te pesara tanto que te convirtieras en una piedra, como si el mundo se te viniera encima de pronto y fueras incapaz de hacer algo para evitarlo, de moverte, de gritar, de vivir...

Y entonces, el mundo vuelve a girar y tú estás otra vez en medio de él, y te das cuenta de que o te mueves o tu hija será quien pague las consecuencias.

Al menos, eso fue lo que nos sucedió.

Pero antes debimos vivir nuestro duelo. Llorar por lo sucedido, comprender que esta noticia era fuerte y era lógico que nos doliera, y permitir que el gran peso de lo que ocurría nos calara hondo para poder superarlo.

Y entonces, y sólo entonces, pudimos levantarnos con la fuerza suficiente para encarar lo que se nos venía encima.

Incluso ahora, después de tantos años, el autismo nos vence en ocasiones con su peso. Lloramos, nos quejamos, nos enojamos. Es sano darse tiempo para sentir estas emociones, sacarlas del corazón, o de lo contrario se quedan estancadas y a la larga ocasionan más daño…

Sin embargo, es importante volver a ponerse en pie. Esto es algo que recomiendo ampliamente: si desean llorar, lloren. Están en todo su derecho, que nadie les diga lo contrario. Y una vez que hayan sacado todo, levántense y prepárense para luchar, porque su hijo los va a necesitar. Y los va a necesitar con toda su fuerza y entereza.

Con el paso de los años, hemos aprendido a ver las cosas a través de los ojos de Marian.

Es común asumir que nuestros hijos con autismo están absortos en su propio mundo, ajenos de lo que sucede alrededor, sumidos en lo que ocurre dentro de su propia burbuja. La realidad es que las cosas no son tan simples. Marian es una niña muy lista, inteligente a su manera, siempre atenta de todo lo que ocurre a su alrededor.

Marian nunca deja de observar, siempre está viendo lo que pasa, está atenta a los detalles de cada cosa en torno a ella.

Es increíble la cantidad de atención que puede poner en detalles diminutos que uno, por lo general, pasa por alto. Marian puede tener un montón de cucharas en la mano, y las moverá, ordenará, estudiará con ojo crítico de valuador de joyas, tan cerca de sus ojos que parecería que en cualquier momento va a encajarse una cuchara. Obviamente no lo hace, las está estudiando, aprendiendo de cada detalle, cada punto de luz, cada muesca, rayón que vea en estas.

Esto lo puede hacer con un montón de lápices de colores, ligas para pelo, muñecas idénticas, lo que sea… Ella los mantendrá en sus manos, los acercará a sus ojos y los estudiará a detalle, minuciosamente. Y cada una de las cosas que está en sus manos está en su mente.

Recuerdo que en una ocasión se obsesionó con semillitas de manzanas. Sí, con esas diminutas semillitas que traen las manzanas dentro, en el corazón.

Marian las coleccionaba y siempre las llevaba encima. Las colocaba sobre la mesa, el piso, la cama o donde fuera, las alineaba en diferentes posiciones y las estudiaba a detalle. En una ocasión una semilla se perdió… ¡y ardió Pompeya!

Marian comenzó una de las peores rabietas que ha tenido, gritaba sin control y lloraba sin parar, ¡y yo no podía comprender qué le pasaba!

Después de un rato de histeria, intenté calmarme y pensar como ella, ponerme en sus zapatos, ver a través de sus ojos…

¿Qué pasaba por la mente de Marian?, me pregunté. Vi las semillas dispersas y su atención perdida, ¿por qué no le prestaba atención a las semillas que antes la tenían tan absorta?

Entonces lo comprendí: había perdido una semilla. Una de esas diminutas semillitas que ante mis ojos eran iguales. Hice lo más lógico, busqué una manzana, la abrí y le di una semilla nueva. Pero esto no la consoló. No era la misma semilla, ella lo sabía.

Así que no me quedó más que ponerme en cuatro patas y buscar con ojos de rayos x por el suelo del comedor y la sala la condenada semillita. Al final, conseguí dar con ella. Se había escabullido dentro de una diminuta ranura entre las baldosas del piso, debí hacerme de todo mi ingenio para sacar esa cosa del agujero: desarmé clips, lápices, intenté con puntas de cuchillos y tenedores, hasta que al final la semilla salió.

Y en cuanto Marian la tuvo en sus manos se calmó.

Sí, en ocasiones habrá momentos complicados, duros, pero siempre tendrán soluciones. No debemos olvidarlo ni perder la paciencia. Nuestros hijos están pasando por un momento difícil, y para ellos es mucho más duro de lo que nosotros podríamos imaginar.

Debemos comprenderlos, ponernos en sus zapatos y no alterarnos. El mundo es complicado para ellos, y posiblemente nadie más será capaz de comprenderlos como lo haremos nosotros. Somos sus padres, quienes más los aman en este mundo y ellos confían en nosotros. Es nuestro deber como papás ser dignos de esa confianza.

En nuestro camino por el autismo ha habido incontables momentos como ése. A veces de noche, a veces de día. Han venido a tocarme la puerta los vecinos, la policía también, he recibido llamadas telefónicas de gente preocupada que escucha gritar a mi hija, personas que asumen que debo estar casi matándola o sometiéndola a una tortura descomunal para que grite de ese modo.

Nadie imaginaría que un escándalo de ese grado podría ser ocasionado por la pérdida de una simple semillita, o una liga de pelo, o un grano de maíz, o una pluma de color... Dependerá de la nueva cosa que tenga intrigada a Marian durante ese tiempo.

Lo importante, recuerden, es no perder la calma. El llanto pasará, los gritos cesarán. Sus hijos los necesitan tranquilos, ustedes son su base, su pilar de fortaleza en quienes se van a apoyar. Si pierden la calma, todo será peor. Nuestros hijos necesitan sentirse seguros, y como a todo niño, la mayor fuente de seguridad proviene de sus padres.

Así que no importa qué clase de cosas te griten los vecinos, no pierdas la atención en lo importante: tu hijo. Explícale calmadamente a la policía la condición de tu hijo sin alterarte. Deja que el teléfono suene. Si estás en la calle y la gente te grita, déjalos gritar. No vale la pena enojarse por cosas que no tienen importancia. Para ti, lo único que debe ser importante es tu hijo y es él quien te necesita. Y te necesita entero y calmado para ayudarle a recuperar su propia calma.

Sé que no es sencillo.

Dirán: «Hablar es fácil». No, no lo es. En varias ocasiones he perdido la calma, me he sentido furiosa con la gente y yo, una mujer por lo general calmada, me he encontrado enfrentando o gritándole a desconocidos.

Pero al final esto no ayuda en nada, eso es lo que he aprendido. Quizá te sientas mejor de sacar el enojo, pero también hay que tener en cuenta que puedes alterar más a tu hijo, que ya está pasando por un momento difícil. Así que, poniendo en perspectiva, ¿es más importante gritarle al fulano ignorante de la calle que cierre el pico o concentrarte en seguir calmando a tu hijo?

Si puedes hacer las dos cosas, genial. O si vas acompañado, mejor. Es tu decisión, a fin de cuentas.

Personalmente, he preferido concentrarme en mi hija e ignorar al mundo.

Después de todo, ella es a quien más amo y deseo ayudar. No le voy a quitar tiempo, para dárselo a algún idiota que no lo merece.

Un mito común en el autismo, es que los niños no sienten. Esto no es cierto. Son pequeños muy sensibles.

Marian me ha enseñado que puede ser sensible a un grado como ninguna otra persona que conozca.

Ella sabe si estoy enojada o feliz, si me siento triste o si estoy preocupada. De alguna manera ella siempre lo sabe. Y lo siente. No puede hablar, pero si estoy alterada, ella también se altera. Es como si fuese capaz de compartir mi propio sentir.

Y probablemente tu hijo también lo haga contigo...

Es por esto que es tan importante mantener la calma, pues si te estresas, ese mismo estrés lo estará sintiendo tu hijo.

Pero mucho más importante, es hacerle saber a tu hijo que lo amas y aceptas tal como es.

A través de los años, he aprendido a amar a mi hija como es, a volver a enamorarme de mi princesa, como la he llamado desde que era una bebita. Y a enamorarme de nuevo de toda la idea de ella, mi hija que es hermosa, inteligente y perfecta, no verbal y con autismo.

En nuestra visión del futuro, ya no la veo cumpliendo los sueños que yo le había impuesto cuando aún era un bebé no nato (que de todas maneras es algo injusto para cualquier niño, debemos dejar que ellos elijan sus propios sueños), sino realizando las metas que ella necesita, que ella puede alcanzar. Ahora que ella diga un «hola», que se lleve una nueva cucharada a la boca o cada pequeño paso, es un logro gigantesco para nosotros. Un logro que festejamos y que nos alegra de todo corazón.

Ahora sé que tengo un tesoro especial, un tesoro invaluable, una niña amorosa, preciosa, inteligente y buena. Ese tesoro es mi hija. Y el título de autismo no cambia nada.

Marian no es un diagnóstico de autismo. Ella no tiene la palabra «autismo» grabada en la frente. Ella es quien es: Marian, mi hija, una niña única y valiosa, con metas y logros como cualquiera. Y a la que amo con todo mi corazón, con o sin título de autismo.

Ella no es una decepción para mí, ella es mi orgullo. No es motivo de tristeza, es mi alegría. Ella es la luz que vino a iluminar mi vida con su presencia.

Creo que esto es la base de todo conocimiento que una madre de un pequeño especial debe saber: lo importante que es primero amar y aceptar a tu hijo, y a partir de este punto comenzar a abrirte camino.

Pero nunca te saltes este punto. No lo olvides, primero acepta y ama a tu hijo como es, por sobre todo y todos; por encima de todos los terapeutas, médicos, profesionales, comentarios de la gente, etcétera. Por encima de todo lo que la vida traerá, bueno o malo.

Como una madre de una niña con autismo, y como una mujer que está dentro del espectro, es el consejo más importante que te doy.

El camino del autismo puede ser tortuoso, sí, pero también feliz. Depende de cómo lo veas.

Yo prefiero verlo del lado del amor.

Primero amo a mi hija. Luego actúo.

Luego actúo para ayudarla a superar las dificultades que el autismo traiga a su vida. A nuestra vida.

A partir de este mantra personal, nos movemos en el camino del autismo.

Festejar cada pequeño logro. No permitir rendirnos cuando haya tropiezos o caídas. Llorar cuando sea necesario, pero tener la fuerza para secarnos las lágrimas y volver a levantarnos con la misma fuerza que antes para ayudar a nuestra hija.

Este es nuestro mundo del autismo.

Un mundo donde hay tropiezos, momentos de ofuscación, temor y llanto. Pero también, y por mucha mayor cantidad, satisfacciones, logros y alegrías.

Y el mayor de todos es tu hijo.

Causas del autismo

DEFINIR LAS CAUSAS DEL AUTISMO ES UNO DE LOS MAYOres debates que siguen existiendo a nivel mundial. Los científicos siguen investigando, mientras resultados de nuevos estudios aparecen todos los días, nuevos tratamientos, nuevas teorías.

Ideas de que el autismo es ocasionado por la genética o algún problema en el embarazo, durante el desarrollo temprano del embrión, son bastante escuchadas. Cada día toman más fuerza las nuevas teorías acerca de que las vacunas y la contaminación ambiental son las causantes, así como las ideas de que los efectos de los patógenos, parásitos, hongos y toxinas en los cuerpos son los causantes de las principales características de alteración que muestran los niños con autismo.

No obstante (hasta ahora nada es seguro), el espectro del autismo es muy amplio y en lo que la mayoría de los científicos coincide es en lo poco que conocemos de él.

Para los padres y las familias de niños con autismo esto resulta bastante frustrante. Es parte de la naturaleza humana la necesidad de buscar culpables, y esto también ocurre con el autismo. Y lo peor de todo es que muchas veces los viejos señalamientos con el dedo, buscando un culpable, no dejan de aparecer. Como la idea de las madres refrigerador, en la que se culpaba a una madre fría y poco cariñosa de ser la causante de que el niño se retrajera en sí mismo, y por lo tanto del autismo de su hijo.

Esta idea ya está más que descartada hoy en día, sin embargo provocó mucho daño a las madres a las que se les culpó y a sus familias. Y esto mismo ocurre cuando se comienza a señalar con el dedo, buscando a alguien a quien culpar.

Es importante mantener nuestras mentes claras y alejadas de esto.

Buscar un culpable no resolverá nada, por el contrario, podría desencadenar conflictos familiares que sólo ocasionarán dolor y a veces heridas que no podrán ser curadas...

No debes perder la perspectiva de lo que es realmente importante, y esto es sacar a tu hijo adelante. Y concentrar las energías en buscar un culpable no lo ayudará.

Sin embargo, para tener algo de conocimiento al respecto, les comentaré algunas de las principales teorías acerca del origen que tiene el autismo en una persona. Aquellas que, a lo largo de nuestro camino como padres de una niña con autismo, hemos escuchado de los especialistas.

Genética

Trata de que el autismo es ocasionado por un gen afectado. Esto es más o menos similar a la teoría del síndrome de Down, en la que se habla de un gen afectado que sería el que ocasiona el autismo en el niño.

El autismo, a diferencia de otros trastornos o síndromes, es tan variado que incluso el momento en que se manifiesta en un niño es diferente que en otro.

En ocasiones, el autismo se manifiesta nada más al nacer. Es fácil reconocer los rasgos típicos del autismo en esta clase de niños, pues no lloran, ni siquiera cuando tienen hambre o se han ensuciado y necesitan un cambio de pañal. No muestran interés en buscar la mirada de la madre. No responden a estímulos sencillos, como sonidos, ser llamados por su nombre, que los levanten de la cuna, etcétera.

Otras veces, el autismo se manifiesta en un niño que se ha desarrollado normalmente, haciéndolo cambiar de forma repentina a los ojos de los padres. Esto ocurre entre el primero y los tres años de edad, y ocasiona cambios que al principio pueden ser poco notorios en el niño, como que se retrae en sí mismo, deja de buscar la mirada de sus padres, rehúye ver directamente a los ojos, comienza a tener retrocesos en el desarrollo del aprendizaje, comienzan los berrinches y llantos descontrolados, gritos nocturnos, y muchas veces dejan de hablar.

Algunos padres hablan de que su hijo era perfectamente normal, y una mañana despertó sin habla ni interés en el medio que lo rodeaba, sus padres o cualquier otra persona.

Otras veces, este cambio es paulatino. El niño va cambiando poco a poco, quedándose atrás en el desarrollo en comparación con otros niños. Las palabras en lugar de ir en aumento de su vocabulario, desaparecen. Va perdiendo interés en aprender cosas nuevas, propias de su edad. Los llantos poco a poco se hacen más intensos y pareciera que el niño pierde la capacidad de controlarse a sí mismo.

Éste fue el caso de mi hija.

Según el especialista, uno de los tantos neurólogos que vimos durante nuestra búsqueda de un diagnóstico, el caso de nuestra hija se debió a un gen que se «despertó» en un tiempo determinado. Marian siempre tuvo este gen, estaba dormido, y la misma configuración genética de su organismo lo hizo despertar en el momento en que estaba determinado que así sucediera, y por ello, mi hija cambió.

Así lo indicaba su genética. Algo similar al cáncer, según las palabras del médico, quien nos explicó que cada persona lleva el cáncer en su genética, y era su mismo organismo ordenado por esta genética la que lo despertaría (o no) en un determinado momento.

Y el gen de Marian que decía que iba a tener autismo se despertó.

Hay varios científicos dedicados al estudio de la genética como causante del autismo.

La doctora Wendy Chung, directora del programa de genética clínica en la Universidad de Columbia, codirectora del laboratorio de diagnóstico molecular de la genética, y directora de un laboratorio de investigación en la división de genética molecular que analiza las bases genéticas para una variedad de mendeliana y rasgos complejos, mantiene una teoría de que la causa más probable del autismo es la genética. Aunque ella admite que esto no es puramente fiable, cree que también se debe tener un conjunto medio ambiental que intervenga.

En su charla «Autismo: lo que sabemos (y lo que aún no sabemos)», la Dra. Chung explica que como pediatra, genetista e investigadora ha descubierto, en los estudios realizados, que el autismo no sería causado por un solo gen, sino por un conjunto de ellos.

De hecho, habla de la existencia de entre 200 y 400 genes diferentes que pueden causar autismo.

Esto explicaría, en parte, dice ella, la enorme amplitud de diferencias dentro del mismo trastorno del autismo.

Sin embargo, reconoce que el autismo no puede ser causado únicamente por los genes. Esto lo consiguió deducir gracias a un estudio que se realizó a varios gemelos idénticos, es decir, que comparten el 100 por ciento de sus genes. En estos casos, sólo el 77 por ciento de los niños, ambos hermanos, tienen autismo.

De ser algo puramente genético, el 100 por ciento de ambos hermanos tendrían autismo, ya que las personas que son gemelas idénticas comparten el 100 por ciento de sus genes. Pero no fue así. En los otros casos, sólo un hermano tenía autismo y el otro no.

Esto nos deja como conclusión que hay algo más que interviene, aunque todavía no se tiene claro qué es; la edad de los padres, el ambiente intrauterino, la contaminación ambiental, determinados medicamentos... No es claro.

Ella también declara la importancia de un diagnóstico temprano. De este modo es más probable poder ayudar a moldear favorablemente el desarrollo del cerebro de un niño con autismo.

Al finalizar la charla, la doctora reconoce que, a pesar de que por mucho que sepamos de autismo, todavía hay mucho más que no sabemos.

Falta de poda neuronal

Otra teoría cada vez más comprobada, es la falta de «poda neuronal».

Esto de la poda neuronal suena parecido a una especie de máquina de cortar pasto que pasa por el cerebro de tu hijo, o así lo imaginé cuando lo oí por primera vez.

La teoría explica que el cerebro de un bebé al nacer tiene una cantidad mayor de neuronas de las que necesitará en su vida. A lo largo de su vida, hasta la adolescencia, el cerebro del niño hará las conexiones necesarias que va a requerir para tener un buen funcionamiento en su vida, y después se eliminan del cerebro las conexiones innecesarias.

Esto es la poda neuronal.

Pero en el caso del cerebro de un niño con autismo, no ocurre.

Es con base en esta teoría, que se cree que los cerebros de las personas con autismo son por lo general más grandes que los de una persona neurotípica o «normal».

Los investigadores de esta teoría afirman que las personas con autismo poseen demasiadas sinapsis neuronales. Esto quiere decir que tienen más cantidad de conexiones entre las neuronas de su cerebro.

Esto tiene una consecuencia mayor. Al tener tantas conexiones neuronales, los mensajes se pierden entre las neuronas y no llegan al destino donde deberían llegar. En otras palabras, su cerebro genera más información de lo normal, y les es difícil procesarla. Es decir: un niño puede estar escuchando o viendo algo, pero el mensaje no llegará. O llegará a otro lugar, o llegará con mayor intensidad.

Por ello, muchos niños con autismo son tan sensibles a los estímulos, es decir, hipersensibles, como son llamados por los especialistas. O, por el contrario, parecen no percibir las cosas o lo hacen en un menor grado al normal.

Cosas que para nosotros son cotidianas como el ruido de la calle, la textura de la ropa, los colores vibrantes de una pantalla y que pasamos desapercibidos, para ellos puede ser un estímulo muy intenso.

Muchos niños con autismo no soportan los ruidos fuertes o ciertas texturas, no se dejan poner cierta ropa o se ponen mal al salir a lugares nuevos. Esto ocurre porque tantos estímulos que llegan a su cerebro al mismo tiempo, intensificados en forma tan magnánima, provocan que se sientan ofuscados.

Según un artículo publicado en el 2014, por la Universidad de Columbia, se descubrió que esta teoría tiene fuertes bases para ser cierta, ya que se encontró una manera de producir esa «poda neuronal» de manera artificial en ratones, y con ello se consiguió reducir los síntomas del autismo.

Esto lo llevaron a cabo reduciendo la cantidad de sinapsis neuronales en los cerebros de los ratones mediante un fármaco (rapamicina).

A pesar de que este método todavía no es factible para usarlo en humanos, debido a las graves consecuencias secundarias que provoca, abre una nueva luz al camino de la investigación del autismo.

En un estudio realizado por los científicos de la misma universidad, en el que se examinaron los cerebros de varios niños y jóvenes con autismo fallecidos, encontraron que en estos cerebros la densidad espinal sináptica se había reducido considerablemente menos en comparación con los cerebros neurotípicos. En otras palabras, los cerebros de las personas con autismo tenían muchas más conexiones cerebrales.

Esto demostraría que la falta de poda durante el desarrollo infantil tiene relación con el autismo.

Contaminación ambiental

Como mencionaba anteriormente, es imposible no notar la contaminación en la que estamos viviendo, y las repercusiones que puede tener en nuestro organismo.

El medio ambiente en el que habitamos actualmente es una mezcla de químicos dañinos que de una u otra forma contaminan nuestro cuerpo, alterando nuestra salud y la de nuestros hijos.

Nuestro planeta está extremadamente contaminado, es algo que todos sabemos. Y los metales pesados que conviven con nosotros en nuestro medio ambiente contaminado están produciendo grandes daños a la salud, muchos de los cuales se relacionan con el autismo, debido a la toxicidad que éstos pueden producir en el organismo.

Entre este grupo de elementos tóxicos se encuentran el arsénico, cromo, cobalto, níquel, cobre, zinc, plata, cadmio, mercurio, titanio, selenio y plomo.

Metales pesados en el aire como el plomo ocasionan graves problemas para la salud, especialmente en niños, que son más propensos a contaminarse con él. Para las generaciones anteriores fue peor esta contaminación por plomo, debido a las antiguas gasolinas que contenían mayores cantidades de este elemento.

El plomo se absorbe en el organismo y se distribuye hasta alcanzar el cerebro, el hígado, los riñones y los huesos, y se deposita permanentemente en dientes y huesos, donde se va acumulando.

Este plomo acumulado pasa de la madre al feto durante el embarazo, y también vuelve a circular por la sangre con la osteoporosis.

Otros químicos, como los que se usan en los pesticidas de las verduras y frutas que comemos, contaminan nuestros cuerpos cuando consumimos estos productos.

Las hormonas y antibióticos que son usados las industrias ganadera y avícola, pasan también a nuestros cuerpos al comer la carne y los huevos.

De hecho, casi todo lo que podemos conseguir en un supermercado está lleno de químicos. Los alimentos que solemos comprar en la tienda, como galletas, jugos y refrescos, etcétera, están repletos de sustancias químicas y conservantes artificiales como el glutamato monosódico, aspartame o colorantes artificiales derivados del petróleo.

Debemos recordar que todos estos químicos van a nuestros cuerpos, incluidos nuestro aparato reproductor, de ahí que existan teorías de que los químicos ya están cambiando nuestros genes.

Cierto o no, algo que no puede negarse es que estos químicos están llegando directamente a nuestros cuerpos, y, por lo tanto, alterándolos de algún modo. Nosotros no estamos hechos para recibir esa cantidad y esa clase de químicos en nuestro organismo, ¿entonces qué sucede? ¿Cómo los procesamos?

Algunas teorías aseguran que estos químicos, al no poder ser eliminados, se acumulan en nuestras capas de grasa y algunos de nuestros órganos, como el cerebro.

Y una vez más regresamos al autismo, un problema que surge en el cerebro.

Problemas gastrointestinales

Este tema realmente está relacionado con la contaminación ambiental, ya que no se puede separar uno de otro completamente.

Muchos especialistas hablan de que el autismo es ocasionado por un conjunto de contaminantes ambientales y toxinas en el cuerpo.

Los químicos que ingerimos, sustancias dañinas en el ambiente que terminan en nuestro organismo y un mal funcionamiento intestinal en los niños, son una bomba que, combinada con la genética, desencadenan muchos de los rasgos típicos propios del autismo.

Hoy en día se habla de una conexión directa entre el cerebro y el intestino. Es por ello que, aunque el autismo es un trastorno del cerebro, se comenta que está estrechamente relacionado con problemas del aparato gastrointestinal. De hecho, nueve de cada diez niños que tienen autismo tienen también problemas gastrointestinales.

Conforme a los estudios, los problemas intestinales relacionados con el cerebro en niños con autismo surgen a causa de un mal denominado «intestino permeable».

El intestino sano está revestido por una mucosa que actúa como una barrera que lo protege y permite una interacción regular con el ambiente externo, posibilitando la salida de diminutas moléculas de alimento hacia el torrente sanguíneo, que van a nutrir las células, y a la vez protegiéndonos de agentes dañinos.

Esto ocurre gracias a una buena flora intestinal, que se hace cargo de mantener sano nuestro intestino y a raya los agentes nocivos, como hongos y bacterias, y producir sustancias benéficas para el organismo, así como ayudar a la creación de enzimas para la apropiada digestión y absorción de los nutrientes.

En el intestino permeable, lo que ocurre es que esta flora ha disminuido o desaparecido casi por completo, provocando que la mucosa protectora se dañe. Esto provoca un daño en las células del intestino, que sin su barrera protectora, permitirá que moléculas más grandes llamadas péptidos escapen hacia la sangre.

Las bacterias y hongos se aprovechan de este mal funcionamiento y falta de flora intestinal, y proliferan en el intestino, desencadenando con ello que el mal aumente y se ocasione una inflamación generalizada del intestino.

Cuando estas moléculas escapan del intestino a la sangre, al ser tan grandes, el cuerpo las identifica como un cuerpo extraño en el organismo, como lo serían una bacteria o un virus, y las ataca.

De este modo, el sistema inmune comienza a atacar cosas que no debería, provocando las alergias.

Al estar el sistema inmune ocupado atacando a estas moléculas, al momento de tener que enfrentar a un verdadero enemigo, como una bacteria o virus real, el sistema inmunitario ha quedado debilitado y ya no puede atacar al mal como debiera. Y por ello, nuestros hijos enferman constantemente. Mucho más de lo que lo haría cualquier niño «sano».

En la Universidad de Harvard se realizó un estudio donde se encontró que en 43 por ciento de los pacientes con autismo tenía permeabilidad intestinal.

Hay varios estudios que respaldan esta teoría, y aseguran que esta fuga del intestino hacia la sangre, y esta anormalidad en la flora intestinal, pueden estar provocando las anomalías que solemos conocer en las personas con autismo, ocasionando los síntomas.

Al restaurar la flora intestinal benéfica, se debería obtener un equilibrio microbiano en el intestino. Se cree que con esto podrían aliviarse varias de las conductas o síntomas típicos del autismo.

Investigadores del Instituto de Tecnología de California (CALTECH, por sus siglas en inglés), demostraron esto cuando hicieron un experimento con ratones no natos a cuyas madres se contaminó para crear una flora intestinal deficiente. Trataron a estos ratones con una bacteria saludable (*Bacteroides fragilis*), y descubrieron que esto atenuó algunos síntomas de conducta, como la ansiedad y los comportamientos estereotipados, además se volvieron más comunicativos.

Elaine Y. Hsiao, coautora del estudio y microbióloga en CALTECH, explica con base en estos resultados que el probiótico debe haber reformado el ecosistema microbiano y con ello reforzado los intestinos para impedir la fuga de sustancias, que en un intestino permeable permite el paso de sustancias dañinas hacia el cerebro.

El intestino permeable expone a nuestros cuerpos a una amplia gama de enfermedades. Al comer, debido a la contaminación ambiental de la que ya hablamos, todos estos pesticidas, químicos y metales pesados, etcétera, pasan directamente a nuestra sangre a través del intestino. Además, esto permite que proliferen parásitos intestinales, bacterias y hongos o levaduras, como la candida.

Si notas dolor abdominal, flatulencias, diarrea, migrañas, insomnios, alergias, mareo, irritabilidad, puedes tener el intestino permeable.

Una de las principales culpables del mal del intestino permeable es la candida, un hongo que todos los seres humanos poseemos en diferentes partes del cuerpo, por lo general habita en las membranas mucosas de la boca, ingle y la zona intestinal.

Es controlada en pequeñas colonias por nuestro sistema inmunológico y por otros organismos microbianos (como la flora benéfica). Sin embargo, cuando el equilibrio se rompe, el crecimiento de la cándida se dispara, ocasionando los síntomas tan malignos de los que hablamos.

Debido a que los niños con autismo no tienen un sistema inmune apropiado, el crecimiento de la candida en el intestino se dispara, provocando varios de los síntomas clásicos del autismo, como la ansiedad, estereotipos y falta de comunicación.

Además, provocan que el problema con el intestino permeable empeore, formando un ciclo continuo con la candida, donde las moléculas que escapan del intestino no sólo provocan que el sistema inmune se dispare, sino que también afectan directamente al cerebro. Al no ser detenidas, los péptidos llegan directamente al cerebro de nuestros hijos a través de la sangre, pero también lo hacen las toxinas que libera la candida dentro de nuestro cuerpo. Y en consecuencia, los síntomas típicos del autismo, como los estereotipos, los berrinches y llantos incontrolados, la agresión, entre otros, se ven afectados, provocando que los rasgos del autismo empeoren.

Es un ciclo que no termina: la candida se dispara y libera toxinas, provoca daños al intestino y altera el cerebro, pero también le provoca a nuestro cerebro la necesidad de alimentos que nutran a la candida, como son los azúcares y carbohidratos.

Es por ello que una persona con problema de candida es aquella que continuamente tendrá el antojo de comer cosas dulces y carbohidratos, como panes, refrescos o harinas. Esto la hará crecer más y más, provocando mayores problemas en su organismo, y volviendo a crear la necesidad de comer más cosas dulces y con carbohidratos que la alimenten. Y este ciclo no terminará a menos que nosotros le pongamos un freno.

Los médicos recomiendan principalmente tres cosas:

- Matar el hongo (fungicidas).
- Restaurar la flora intestinal (probióticos).
- Evitar alimentar a la candida hasta haberse curado.

De ahí viene la importancia de las dietas GF-CF-SF (gluten *free*, caseína *free*, soya *free*), sin azúcares ni químicos para nuestros hijos con autismo. La caseína es la proteína de la leche presente en ésta y todos sus derivados.

El gluten es la proteína del trigo, presente también en la avena, cebada y centeno.

La caseína, el gluten y la soya son el principal alimento de la candida, así como el azúcar. Es por esto que en esa dieta específica se retiran ese tipo de alimentos, así como otros que pudieran alimentar al hongo y alterar el equilibrio de la buena flora intestinal.

Estudios japoneses demuestran que la candida puede producir toxinas que pueden llevar a una severa interrupción a largo plazo del sistema inmune y pueden también atacar el cerebro. En casos extremos, podrían llegar a provocar desórdenes severos como la depresión, la esquizofrenia, la enfermedad de Alzheimer y, en algunos casos, el autismo.

Otros estudios revelan que los padres de niños con autismo que han sido tratados con terapias anti fúngicas para matar a la candida, reconocen que sus hijos presentan disminución de hiperactividad, un contacto visual mayor, aumento en el uso de palabras, mejorías en sus patrones de sueño, en la concentración y disminución de los estereotipos, etcétera.

Sin embargo, como todos los temas del autismo, todavía hay mucho por conocer de este posible eslabón entre el autismo y la candida.

El doctor Bernard Rimland, Ph.D. del Instituto de Investigación de Autismo, comenta que es importante llevar a cabo esta dieta por los buenos resultados que se obtienen en los niños y las familias que la realizan. Es una dieta de la que se obtienen grandes beneficios para la salud, y que no sólo se aplica en niños con autismo, sino en cualquier persona que se vea afectada por la candida. De hecho, cada vez más científicos se unen a la idea del beneficio de esta dieta.

Hay muchísimas teorías, pero como madre, un consejo que me gustaría darles a otros padres, es que dejen de buscar con un dedo al culpable y se centren en encontrar soluciones.

De nada sirve enojarse o soltarse a llorar porque tal vez una vacuna, un gen o la contaminación ocasionaron que tu hijo tuviera autismo. La verdad es que duele, sí, y es una herida que tal vez lleves en tu corazón toda tu vida si no te permites sobreponerte. Pero lo más importante, es que no debes permitir que le afecte a tu hijo.

Tu hijo sigue siendo tu hijo, es el mismo de antes, con o sin autismo.

Y por lo tanto, debes amarlo tanto como antes. Él espera eso de ti.

Él no va a entender por qué de un día para otro cambió tus ojos, por qué de un momento a otro dejó de ser el niño perfecto que creías que era. Él seguirá siendo el mismo, tu pequeño que te ama con toda el alma, te lo demuestre o no.

Una vez le conté a una amiga muy querida cuánto me dolía en el alma saber que mi hija tal vez nunca pudiera decirme: «Te quiero, mamá», y ella me respondió: «Tal vez no te lo diga con palabras, pero te lo dice en cada abrazo». Sus palabras, reveladoras, me abrieron los ojos.

Es muy cierto. Mi hija puede que no me hable con palabras, pero su amor lo veo ahí, en cada mirada, en cada sonrisa, en cada abrazo, en cada paso de baile que me dedica, tan espontáneo y raro en ella. Esa es su forma tan personal de decirme: «Te quiero, mamá», a lo que respondo cada vez de la misma manera, con un fuerte abrazo y las mismas palabras: «Te amo, mi princesa».

Porque mi hija es mi princesa. Y siempre lo será.

Sí, me dolió enterarme del autismo. Sí, sentí que el destino me había dado una patada, que incluso Dios nos había fallado. Pero ella nunca dejó de ser mi princesa. Ella nunca dejó de ser mi niña perfecta. Ella siempre siguió siendo lo más importante en mi corazón. Y lo sigue siendo, pase lo que pase, junto a su hermana, siempre será lo más importante para mí. Con autismo o sin autismo, con mejoras o no, no me importa, es mi princesa y la amo como es, tal como es, completamente cada parte de su ser.

Y creo que esto es lo más importante que podemos darles a nuestros hijos. Más que las terapias o los tratamientos carísimos, son el amor y la aceptación. Hacerles saber que son perfectos a nuestros ojos tal como son, que los amamos sin importar qué.

Y el amor obra milagros, no lo olviden.

Grados de autismo

El autismo es un espectro tan amplio y variado como los tonos que existen del azul, y tan complejo como las piezas de un rompecabezas. De hecho, se dice que adopta este color y esta figura emblemáticos por este mismo motivo.

En la página de Autism Speaks <www.autismspeaks. org>, una de las mayores organizaciones de autismo del mundo, se explica así: «El color azul tiene la peculiaridad de ser "brillante como el mar en un día de verano y otras veces se oscurece como un mar en tempestad". Las piezas del rompecabezas simbolizan la complejidad, el misterio y el enigma que generan este trastorno».

Y vaya que es cierto… Dentro del mismo espectro, podemos encontrar a personas tan diferentes en las características de las alteraciones que los aquejan, que es difícil asumir que se encuentran dentro del mismo trastorno.

No todas las personas con autismo van a presentar las mismas características. En realidad, cada niño es diferente a otros con autismo. Algunos presentarán más estereotipos que otros (como balancearse, mover las manos de forma particular, aletear, girar, etcétera).

En general, las principales características que podremos identificar en una persona con autismo son:

· Dificultad de contacto visual.
· Problemas en la conducta.
· Problemas de sociabilización.

Hay muchas otras características, pero no las voy a mencionar. Esto es porque no siempre están presentes en todos los niños.

En varios artículos se habla de niños que desde el nacimiento presentaron conductas como no llorar en la cuna, no demostrar tener hambre, ausencia de reconocimiento de caras, que no sonreían, no parecían ser capaces de reconocer a nadie ni mostrar signos de darse cuenta si alguien salía o entraba en la habitación, ni siquiera sus padres.

A pesar de que esta información es real, no ocurre en todos los casos. De los padres que yo he conocido, la mayoría coincide en casos como el de mi hija, una pequeña bebé en apariencia perfecta que cambió con el paso del tiempo, tuvo un retraso en el desarrollo y el aprendizaje (ese fue el primer diagnóstico que encontramos, dado por uno de los primeros neurólogos que visitamos), y tardó en demostrar otras conductas del espectro con autismo, lo que provocó también que el encontrar el diagnóstico acertado fuera más difícil.

Sin embargo, las características del autismo son notorias, si van apareciendo o su hijo las tiene desde un principio, lo mejor es averiguar más al respecto y buscar respuestas.

Recuerden que como padres, ustedes conocen a su hijo y saben cuando algo anda mal. Si su pediatra les dice el clásico «no pasa nada», pero ustedes notan que realmente algo sucede con su hijo, no se detengan, hagan caso a su intuición, busquen respuestas.

Volviendo al tema de los grados de autismo, a pesar de las grandes diferencias de una persona a otra con autismo, y que no existen dos iguales (como en todo), se conocen lineamentos generales. La humanidad tiene la necesidad de encajar en parámetros un enfoque, por lo que también lo han hecho con el autismo.

En realidad, hay varias clasificaciones en el autismo, pero la que es más familiar para los padres, aquella que suelen usar los psicólogos y terapeutas que tratan a nuestros hijos, divide al autismo en cuatro grandes sectores o grados:

· Asperger.
· Autismo leve o de alto funcionamiento.
· Autismo moderado.
· Autismo severo.

En algunos casos el autismo se combina con otros diagnósticos, como epilepsia (muchos niños con autismo tienen convulsiones), esquizofrenia, síndrome de Rett, síndrome de Down, entre otros.

El grado de autismo que tiene una persona se define con base en pruebas que realizan los psicólogos con respecto a diversas características del comportamiento de nuestros hijos, como el grado de lenguaje o comunicación que poseen, la sociabilidad que demuestran, la integración que parecen asumir con su entorno, su salud (muchos niños con autismo sufren problemas de salud desde estreñimiento o diarrea, hasta convulsiones), su capacidad de comunicación sensorial y cognitiva, esto es, por ejemplo, que respondan a su nombre, si observan a la gente o a los animales, si están conscientes del ambiente que los rodea o los peligros, etcétera. Todo esto para saber qué grado de autismo tiene con respecto a los parámetros «normales» de otros niños.

Dentro del espectro del autismo vamos a encontrar niños muy diferentes, el grado de autismo que tenga su hijo va a ser determinado por el o los especialistas que lo analicen y determinen los resultados.

Pero recuerda, los resultados pueden variar muchas veces para mejor. El diagnóstico temprano, la estimulación, terapias y tratamientos ayudan a mejorar en gran medida a nuestros hijos y a disminuir su grado de autismo.

Aunque esto no ocurre en todos los casos, y no todos los niños presentan el mismo avance. Como dije, es un espectro muy amplio, y cada niño es diferente.

Mi hija tiene autismo severo, yo, por otro lado, tengo Asperger. Mi hija necesita cuidado y vigilancia constante, todavía presenta problemas para comer con cubiertos, necesita ayuda constante para cada tarea rutinaria (ir al baño, ducharse, vestirse, atarse los zapatos…).

Es no verbal, es decir que no habla, y probablemente a esta altura ya no llegue a hacerlo con palabras. Sin embargo, esto no es algo malo. Debemos sacarnos de la mente la idea de que el no hablar es algo negativo, existen muchas formas de comunicación y tengo fe en que mi hija llegue algún día a aprender a comunicarse con nosotros con algún otro medio además de las palabras. Seguimos trabajando en este tema constantemente.

Todavía tenemos momentos de crisis, aunque cada vez menos, donde los estímulos externos alteran a Marian al grado de hacerla llorar y gritar sin control, e incluso en ocasiones hasta agredirse a sí misma y a los demás.

Yo, por otro lado, aunque hablé tarde, tuve un lenguaje como cualquier otro niño, y a pesar de mi extrema timidez e indiferencia a mantener relaciones sociales, nunca llamé la atención de los médicos para considerar la posibilidad de que algo «más» ocurría conmigo. Tengo recuerdos de edad muy temprana de mi niñez, más o menos los tres años. Presenté algunos estereotipos típicos del autismo, como repetir todo lo que la gente decía en voz alta o en mi mente (lo odiaba, pero me era imposible detenerme), manías con las manos como no poder dejar de moverlas o jugar con los dedos, volver los ojos hacia arriba, como si intentara meterlos tras mis párpados (recuerdo que esto mi papá lo detestaba), o momentos en blanco en el tiempo, como no saber cómo había llegado a un lugar (lo que me causaba una enorme angustia) o descubrirme de pronto completamente sola, cuando hacía un momento (a mi parecer), había estado rodeada de gente.

Sin embargo, a pesar de los problemas en mi niñez (algunos me han acompañado hasta mi adultez), pude salir adelante, terminar la escuela e ir a la universidad. Ahora soy escritora, una esposa y madre de familia muy feliz, tengo una carrera como autora de novela romántica y uno de mis principales intereses es promover la integración y aceptación de las personas con autismo a través de mis escritos.

Como pueden ver, dentro del mismo espectro, los síntomas, estereotipos y dificultades pueden variar enormemente de una persona a otra. En el caso de mi familia, de una madre a su hija.

Sin embargo, también es un claro ejemplo de que muchos de los trastornos que vienen con el autismo pueden superarse.

Con la debida estimulación y terapia, el grado de autismo de una misma persona puede variar, incluso hasta el punto de que un niño al volver a ser analizado, no demuestre signos de autismo en él.

Esto no sucede siempre. En el caso de nuestra hija, las mejoras han sido lentas y muy pausadas, con muchos retrocesos y retos todavía por cumplir.

Nuestra larga búsqueda de un diagnóstico

EL AUTISMO, COMO COMENTABA ANTES, PUEDE SER CLAro en un pequeño desde su nacimiento; niños que no lloran, que no se mueven mucho, que no piden que se les alimente o que los saquen de la cuna, son ejemplos claros de estos casos. También se puede manifestar más tarde, como nos ocurrió a nosotros.

Nuestra hija era en apariencia normal, tuvo un desarrollo normal y entonces, cambió… Nació prematura por cesárea a las 36 semanas y no tuvo problema alguno. Muchos niños de ocho meses no tienen problemas al nacer a esta edad, y tal fue el caso de Marian. Nació con buen peso: 2 490 kg y una talla de 49 cm. Tuvo un resultado en el test APGAR de 9.9, lo cual es excelente para un recién nacido.

Su desarrollo durante los primeros meses fue completamente normal. Ella hacía lo que se esperaba que hiciera cualquier bebé a su edad; apoyar la cabeza, sentarse, comenzar a gatear, pararse, caminar… Incluso, según la opinión de los pediatras que vimos durante este tiempo, iba avanzada para su edad.

Yo llevaba un registro detallado de sus logros, iba anotando en una agenda cada cosa nueva que hacía, por eso tengo tanta certeza de ello. Marian ya decía once palabras a los ocho meses, caminó al año exacto de edad y era una niña sonriente, sociable, hermosa y muy sana.

Hasta que todo cambió...

Marian comenzó a tener retrocesos en su desarrollo, dejó de hablar, empezó a tener berrinches muy fuertes e incontrolables, se reía sola, despertaba a mitad de la noche con un grito desesperado y se soltaba a llorar, o al contrario, en otras ocasiones si despertaba no hacía ruido alguno para que la sacara de la cuna. Dejó de sonreír, de interactuar como antes, de ver a la cámara de fotos como lo hacía antes y que tanto le gustaba, dejó de mirarme a los ojos...

El pediatra no le dio importancia. Nos dijo que era normal, ella estaba perfecta, incluso bromeaba con que si no nos parecía cómo era, podíamos regalársela, «¿creen que les pediría que me regalaran a un niño que no es perfecto?».

Pero algo pasaba con Marian, algo no iba bien, y a pesar de querer con todo nuestro corazón que todo estuviera bien con ella y aferrarnos a las palabras del pediatra, era claro que no era así...

Ahora voy a darles un consejo muy importante, padres, un consejo que habría deseado escuchar en ese momento: ¡hagan caso a sus instintos!

No importa lo inexpertos, jóvenes o lo mucho que les asegure alguien que todo está bien.

Si ustedes ven que algo no va apropiadamente, fíense de eso. Son padres, tienen instintos, háganles caso. Nadie conoce mejor a sus hijos que ustedes mismos. Si notan que algo raro está sucediendo, no se queden de brazos cruzados. Investiguen, pregunten, busquen respuestas.

No dejen de escuchar a esa voz interior. Aquello que les dice su corazón. No fallarán.

Yo no lo hice y hoy es de lo que más me arrepiento.

Quizá, de haber atendido a esa voz interior que me decía que algo no iba bien, hubiese podido ayudar a mi hija antes. Encontrar un diagnóstico temprano, es muy importante. Ayudarla a comunicarse, a trabajar con sus desventajas en lugar de sólo dejar pasar el tiempo, con la esperanza de que todo mejoraría.

Una terapeuta me dijo una vez: «Los pediatras en realidad no saben nada de autismo. Cuando un pediatra te dice que todo está bien, en realidad está diciendo «no tengo idea de lo que le pasa».

Obviamente, no estoy hablando de todos los pediatras. No intento desacreditar a nadie diciendo que todos son así.

Pero a nosotros nos tocó. Y he escuchado a decenas de padres relatar lo mismo.

Lo cierto es que el autismo sigue siendo un tema muy desconocido incluso para los médicos que no conocen los signos para identificarlo. Y ya sea por ignorancia o desidia no canalizan al niño a un especialista que podría brindar esas respuestas.

Prefieren no averiguar más, no derivan ni buscan respuestas. Asumen que todo está bien, que es una exageración de padres asustados, y no le dan importancia. Y con ello hacen perder tiempo valioso e irrecuperable para nuestros hijos.

En el autismo, es muy importante el tiempo. Mientras antes se trate, son mejores los resultados. Es por esto tan importante que hagan caso a su voz interior, aquella que les une con su hijo, que les hace conocerlo de una forma más profunda e íntima que cualquier médico o especialista. Si ustedes creen que algo no va bien, hagan caso de su voz interior.

En nuestro caso, no teníamos a otros niños cerca para comparar a Marian. Mi marido y yo somos los hijos mayores de nuestras respectivas familias, no teníamos hermanos casados ni parientes o amigos cercanos con hijos. Por lo que nuestra hija fue la primera nieta y sobrina.

Sin niños alrededor para comparar y siendo padres primerizos, para nosotros fue bastante difícil establecer un parámetro con el que comparar el desarrollo de nuestra hija al de otros pequeños de su edad.

Yo no tenía todavía mi diagnóstico de autismo, por lo que me era imposible haber asumido por mi cuenta lo que sucedía con mi hija. Y en general como pareja, no teníamos mucha idea de lo que era el autismo, por lo que nunca se nos pasó por la cabeza que pudiese tratarse de algo así.

Sin embargo, leía bastantes revistas para padres y veía programas de desarrollo infantil, gracias a esto podía notar que algo no iba bien y que el desarrollo de Marian no era a la par de los otros niños, como antes.

Pero ya que mi mayor confianza radicaba en el pediatra (error que no volveré a cometer, jamás volveré a dejar a mi hija por completo en manos de un médico), tenía la esperanza de que las cosas fueran bien como él nos aseguraba.

Cuando mi marido o yo le comentábamos al respecto, él decía siempre lo mismo: es normal. «Es demasiado consentida, métanla a un colegio o tengan otro hijo y verán cómo se le pasa».

Pero nosotros no teníamos los recursos para ninguna de las dos cosas. Yo siempre he trabajado desde casa, y sin un seguro social propio no tenía derecho a guarderías gratuitas para que mi hija interactuara con otros niños de su edad. Y el seguro de mi marido no me lo otorgaba. Y hablar de otro hijo no era una opción, no con la economía como estaba.

Así pues no quedó más que esperar, llevarla a parques, socializar con la familia, esperar a que lo que debía suceder pasara al fin y mi hija dejara atrás esa etapa complicada del desarrollo.

Sólo que ese momento nunca llegó. Por el contrario, todo empeoró...

El autismo comenzó a ser notorio. Yo me daba cuenta que mi hija no prestaba atención cuando la llamaba, no como antes que lo hacía a la perfección.

Mi abuela me comentó en varias ocasiones: «¿No será sorda...?». La sabiduría de los mayores, a ellos creo que sí hay que hacerles caso. Mi abuela tenía razón, algo no andaba bien, pero yo, obstinada en creer que nada malo pasaba con mi hija, no le presté atención. Un gran error...

El autismo muchas veces se confunde con la sordera. De hecho fue el primer diagnóstico que nos dieron, posiblemente Marian era sorda: «Y si no lo es, preocúpense», nos dijo esa persona.

Y lo malo fue que no resultó ser sorda. Nos quedó preocuparnos...

Pasamos por una larga fila de médicos, especialistas, terapeutas, exámenes de conducta y laboratorio, resonancias magnéticas y potenciales evocados..., todo para saber qué ocurría con ella. Al final, estaba sana. Pero al mismo tiempo, no lo estaba.

Tenía autismo.

Esa parecía ser la descripción que nos dieron los médicos al principio. Una niña que al no ser normal y no presentar otros síntomas o signos de otro padecimiento, era una niña que tenía autismo.

Con el tiempo fuimos aprendiendo, estudiando y haciéndonos mayores sabedores sobre el tema.

No nos quedamos con el primer diagnóstico. Si ya habían errado tantas veces antes con lo que le pasaba a nuestra hija, bien podría haber sucedido de nuevo.

Pero con el paso del tiempo, fueron sucediéndose uno tras otro los diagnósticos de autismo; psicólogos, neurólogos, instituciones privadas y públicas dedicadas a realizar estos estudios, todos nos dijeron lo mismo.

Y fue algo que iba aumentando en escala. En un principio hablaban de una niña con Asperger o un autismo ligero a lo sumo, debido a la dificultad que habían demostrado tantos especialistas en encontrar qué tenía.

Sin embargo, a medida que le hacían más estudios, que ella iba madurando y que el comportamiento que en un niño pequeño puede parecer normal, pero no lo es en un niño que se va haciendo mayor, iba haciéndose más evidente, resultó ser que tenía un autismo moderado a severo.

Esto nos devastó en un principio. Creo que nunca lloré tanto en mi vida como en ese momento.

¿Qué esperanzas tendría mi hija? ¿Qué sería de ella? ¿Qué iba a pasar con ella cuando yo ya no estuviera para cuidarla…?

La vida te va dando esas respuestas. En realidad, nada está dicho. Puedes tener un hijo sano, y al día siguiente puede sufrir un accidente y quedar tetrapléjico para el resto de su vida.

Si algo es seguro en esta vida, es que nada es seguro.

Así pues, no queda más que secarnos las lágrimas y levantarnos con la firme determinación de ayudar a

nuestros hijos en todo lo que nos sea humanamente posible.

Después de todo, somos sus padres, y es para lo que
nos preparamos desde un inicio.

Con o sin diagnóstico de autismo.

Duelo, aceptación y lucha

Para una madre o un padre, su hijo es su máximo tesoro, el más grande regalo que pudo darle la vida y lo más precioso en este mundo.

A tus ojos, tu hijo es perfecto, el pequeño más inteligente, hermoso, bueno y talentoso que pudo haber pisado este planeta jamás y por los años por venir. Lo concibes como un ideal, pasas horas imaginando en la persona que se convertirá en un futuro, en los sueños y metas que tienes pensado que realizará en su vida. Es el máximo orgullo encarnado.

Para una gran cantidad de padres, es así como vamos viendo crecer a nuestros pequeños bebés, convirtiéndose en niños y en adolescentes, desarrollándose lentamente y a la vez tan rápido, y teniéndonos a su lado a cada paso para apoyarlos, amarlos e impulsarlos a seguir adelante.

A mi hija, desde que la sentía moverse en mi vientre, la imaginaba como una gran artista o una doctora, abogada o científica, una escritora capaz de ganar el premio Nobel, una sabia con sonrisa deslumbrante y ojos encantadores que se convertiría en una gran persona en este mundo.

Y desde el mismo instante en que nació, me entregué a ella en cuerpo y alma para darle todo lo mejor que estuviera a mi alcance, con la intención de cumplir aquel sueño y llevarla de la mano hasta el más grande destino que pudiera esperarle.

Con mi marido nos interesamos en cultivar su mente desde que era una bebé en mi vientre, le leíamos y hablábamos, también colocábamos auriculares en mi panza con música clásica, aquella que decían ayudaría para el buen desarrollo de su cerebro.

Y desde que Marian era muy pequeña intenté fomentarle el amor por los libros, del mismo modo que mis padres y abuelos lo hicieron conmigo; leyendo. Ya fuera en la cuna para dormir o en cualquier otro momento del día, le leía. Le leía tanto como podía, no importaba que fuesen sus pequeños y coloridos libros infantiles, o algunas páginas de las grandes obras de la literatura universal. Y no sólo eso, veíamos documentales juntas, coloreábamos con un total despliegue de imaginación, fomentando también el amor por la pintura. Tocábamos instrumentos sencillos como el tambor y la flauta…

La idea era expandir su mente.

En cuanto a su desarrollo físico, mi marido y yo hacíamos todo lo posible por darle lo mejor para que su cuerpecito se desarrollara saludablemente. Seguíamos al pie de la letra cada instrucción que nos indicaba el pediatra; pagábamos consultas privadas para asegurarnos que tendría una mejor atención médica (o así lo creíamos). Comprábamos la mejor leche, aquella que traía agentes que le ayudarían a desarrollar mejor su cerebro (aun cuando eso implicaba que no nos sobraría un centavo para nada más), le dábamos la mejor comida posible, esperanzados en que tendría un desarrollo mejor y sano, con todos los nutrientes que su pequeño cuerpo pudiese necesitar…

En fin, le dimos el mejor inicio que estuvo al alcance de nuestras manos, muchas veces incluso privándonos nosotros de cosas, por la escasez de solvencia económica que atravesábamos.

Pero todo sacrificio valía la pena si era por el bienestar de nuestra hija, por su salud, para brindarle el mejor inicio posible en su vida.

Es por ello que, en parte, fue tan duro recibir este diagnóstico.

¿No se suponía que habíamos hecho todo lo mejor posible para que ella fuese sana? ¿Cómo es que podía tener autismo? ¡Había sido una pequeña completamente perfecta y normal, social y alegre, como cualquier otro niño! ¿Por qué, entonces, el destino tenía que darnos esta patada…?

Lloré días enteros haciendo la misma pregunta: ¿Por qué a mi hija? ¿Por qué, si es lo que más amo en este mundo…?

Éramos buenas personas, correctas, honradas, trabajadoras, no hacíamos ningún mal… ¿Entonces por qué Dios nos había hecho esto? ¿Por qué a nuestra hija, que es un ángel inocente que no tiene culpa de nada? ¿Qué sería de ella…?

Ésta y otras preguntas pasaron en una sucesión sin fin por nuestras cabezas…

Y supongo que son las mismas preguntas que pasan por la mente de muchos padres, sino es que de todos.

Nace tu hijo y te dicen que es perfecto. Has superado esa prueba de vida, aquel momento de incertidumbre en el que no sabes si tu hijo nacerá sano o no. Lo habíamos pasado y salido airosos. Se suponía que en adelante todo iría bien, dependería de nosotros y de lo mucho que nos dedicáramos a sacar a nuestro hijo adelante qué tan bien sería esto, y por ello pondríamos todo nuestro empeño en darle a nuestra hija la mejor vida, la mejor educación, salud, crianza… Entregarle, en pocas palabras, el porvenir que cualquier padre desea darle a su hijo, manteniendo siempre en mente la ilusión del ser humano en que ha soñado que su hijo algún día se convertirá.

Piensas que estás haciendo las cosas bien y de pronto todo cambia, un día llega alguien y te suelta con total facilidad que las cosas no son tan geniales como creías, que tu hijo no es como los otros niños y que tienes que prepararte para una vida completamente diferente a la que habías esperado.

Y lo peor de todo, es que, por lo general, esto te lo sueltan con el mismo tacto con el que una mesera malhumorada te informaría que el pastel de queso que querías se ha acabado:

—No queda pastel de queso. Ni modo. Aguántate.

—Tu hijo tiene autismo. Ni modo. Aguántate.

¿Cómo una persona puede tener tan poco tacto para dar una noticia tan importante? En especial cuando el afectado es tu hijo, alguien que para cualquier padre es lo más valioso que puede existir en el mundo.

En nuestro caso, así fue como sucedió…

Al no ver progreso en mi hija y que el tiempo continuaba pasando sin notar cambios positivos, decidimos buscar una salida y elegir una de las opciones que nos había dado el pediatra para ayudarla a superar el raro mutismo, los berrinches y otros problemas de comportamiento.

Notábamos que algo no iba bien, que ya no era natural su modo de comportarse…. Cuando un niño pequeño se le queda viendo a tu hija cuando llora y se espanta, es que algo raro está pasando.

Teníamos que hacer algo para ayudar a nuestra hija. Así, reunimos todos nuestros ahorros y fuimos a ver una nueva escuela para inscribirla. Fue en ese lugar donde la directora, con el tacto de una hormiga, nos soltó que nuestra hija no era normal: «Debe ser sorda. Y si no lo es, preocúpense».

Fue como si nos lanzaran un balde de agua fría y un yunque a la cabeza, todo al mismo tiempo. No era posible, no podía ser posible. El pediatra siempre nos había asegurado que ella estaba perfecta, ¿qué podía pasar?

Intentamos llamar a nuestro pediatra, hablar con él, pero de pronto él estuvo siempre ocupado, no atendía nuestras llamadas, no tenía tiempo para nosotros.

Así que, molestos y preocupados por el futuro de nuestra hija, y con el tiempo encima, lo dejamos pasar y continuamos con el camino lógico por el que habría optado cualquier padre: ayudar a nuestra hija.

Y lo primero era buscar respuestas.

La directora nos había metido un susto de muerte. Nos aseguró que ciertos canales del cerebro de un niño relacionados con la comunicación se cierran cuando ellos cumplen tres años. Por lo que debíamos darnos prisa en tratarla antes de que esto ocurriera. Marian tenía dos años ocho meses.

Si no nos dio un infarto por el estrés que vivimos en esos meses, es porque Dios es grande. Gracias a esa directora con el tacto de hormiga, es que supimos con certeza que algo ocurría con nuestra hija. Comenzamos a movernos, a buscar médicos, terapeutas, psicólogos, de todo.

Allí comenzó nuestro peregrinaje por el camino del calvario, como lo llamamos en broma. A Marian la llevamos a ver a cuantos especialistas encontramos: médicos generales, neurólogos, terapeutas, psicólogos… Le hicieron toda clase de test y exámenes.

Fueron tantas personas y en tantos lugares, que ni siquiera recuerdo la cara de cada una de las personas que vimos ni los sitios que visitamos.

Todos sabemos que el sistema de salud pública suele tardar siglos y por lo general es malo.

En el camino de la salud pública pronto descubrimos que tardaríamos años en dar con una respuesta. Llevábamos semanas sin conseguir nada, nos canalizaban a estudios que se llevarían a cabo en plazos ridículamente largos.

Hicimos uso de él, en parte, pero al tardar tanto y al ser esto un tema tan importante, no podíamos demorar. Como dijo la directora del tacto de hormiga, era algo que no podía retrasarse: «¡Llévenla a ver qué le pasa, pero ayer!».

Así que, sin presiones (entiéndase esto en un sentido muy irónico), decidimos pasar a la salud privada. Teníamos la presión encima del tiempo para evitar que nuestra hija sufriera un daño permanente, así pues, hicimos lo que cualquier padre haría: usar cada peso en nuestro poder y endeudarnos para descubrir lo que sucedía con ella.

Nuestra hija lo necesitaba. Y un padre nunca va a cuidar su bolsillo cuando la salud de su hijo está en juego. Algo de lo que por desgracia se aprovechan muchos…

En este mundo se lucra con muchas cosas, pero creo que la más vil es lucrar con la salud de los niños. Porque nadie deja de pagar lo que sea para recobrar la salud, y mucho menos si se trata de la salud de su hijo.

Gastamos todos nuestros ahorros en nuestra búsqueda de respuestas. Y tardamos años, porque nadie sabía lo que tenía. Unos decían una cosa, otros tenían otra idea, o sencillamente ninguna.

Con el paso de los meses y luego de los años, no dábamos con ninguna respuesta y los ahorros se acababan…

Gastamos cada centavo que teníamos para dar con el diagnóstico de autismo. Cada centavo…

Pero en este camino no todo fue negativo. También encontramos gente maravillosa, médicos honrados y con un gran corazón que no nos cobraron un peso; terapeutas que fueron sinceras para reconocer que algo sucedía con Marian y que iba más allá de sus conocimientos, y tuvieron la honradez para canalizarla con otros en busca de un diagnóstico.

A ellos les estoy sinceramente agradecida.

Al final, el encontrar el diagnóstico que tanto buscamos no fue una alegría, por el contrario, se convirtió en un peso quizá más grande del que ya cargábamos.

Marian tenía ya cuatro años y no sabíamos qué hacer, qué camino seguir, a quién recurrir… Había pocas opciones en ese momento, éramos tan inexpertos y el superar el duro golpe de saber que tu hijo tiene autismo consistió en sí mismo en otro reto.

Una herida así te paraliza. Te deja pasmado, en una especie de trance del que parece que es imposible que salgas.

Nunca esperas como padre tener un diagnóstico así. Nunca.

Y más cuando se suponía que todo era «perfecto».

Es por este motivo que quiero hablarles de lo que sucede en este momento, para que como padres comprendan que es natural sentirse así. Un diagnóstico tan fuerte como el de autismo genera un gran impacto en la vida de cualquiera. Y como padre esto te va a doler.

No evites sentir este dolor.

Superar este paso se va a convertir en tu primera meta en esta senda a la que llamamos autismo.

Y de que lo hagas y cómo lo hagas, va a depender en gran medida la forma en que lleves en adelante el tratamiento de tu hijo y, por lo tanto, su futuro.

Por ello es tan importante que lo hagas bien.

¿Qué pasa con nosotros como padres cuando recibimos un golpe tan fuerte, como enterarnos que nuestro hijo tiene autismo? ¿Por qué quedas en shock? ¿Por qué te deprimes? ¿Por qué parece que el dolor que te embarga es tan fuerte, que no sientes deseos ni siquiera de levantarte?

Es porque has sufrido una pérdida.

La pérdida de los sueños, de la idea preconcebida de tu hijo sano.

La pérdida de la gran vida que esperabas tener.

La pérdida de la seguridad que hasta ese momento radicaba en tu familia.

Medita acerca de esto un momento, reflexiona en tu propio caso, en tus propias emociones, lo que sentiste en ese momento, ¿qué pasó por tu mente cuando el médico o el psicólogo te dijo que tu hijo tenía autismo?

Y luego piensa, ¿qué sueños crees que se han perdido? ¿Cómo crees que esto cambiará tu vida? ¿Sientes miedo de lo que vendrá en un futuro?

Toma nota de tus respuestas y guárdalas en un lugar especial, un lugar que no olvides, para que puedas leerlas más adelante. Entonces podrás comparar tus impresiones en ese momento tan difícil y compararlas con tu futuro punto de vista, cuando las cosas se hayan calmado un poco y hayas aprendido algo de esta experiencia. Algo positivo.

Te quiero dar algunas impresiones que seguramente verás en un futuro cercano:

· Primero que nada, quiero recordarte que tu hijo es perfecto. No ha dejado de serlo jamás. El diagnóstico de autismo no cambia nada. Y aunque las metas, sueños y la vida planeadas que tenías pensadas para el futuro cambiarán (no lo niego), no es motivo de que tenga que hacerlo para peor.

· Nuestros hijos son llamados niños especiales y es por una buena razón. Ellos son especiales para cambiar la forma de ver el mundo y nuestros corazones. Son especiales para tocar el alma de las personas y cambiarlas para mejor.

· Pero antes, debemos darles la oportunidad de demostrarlo. Confiar en ellos. Impulsarlos a dar lo mejor de sí mismos. Demostrarles que los aceptamos y amamos tal como son. Y lo repito tanto, porque esto es muy, muy importante para ellos.

· Y sobre el futuro, lo único cierto es que no podemos planearlo. Incluso si nuestro hijo fuera neurotípico y no tuviera autismo, lo que fuera de él en su futuro estaría fuera de nuestras manos. Los accidentes, enfermedades, incluso la muerte, llegan en los momentos menos esperados, nos guste o no.

· Así que, tomando las cosas desde este punto de vista, lo que sea de nuestro hijo en un futuro está tan fuera de nuestro control como el de cualquier otro niño, y como padre, no nos queda más que dar todo lo posible para ayudarle a convertirse en la mejor persona que pueda llegar a ser, apoyándolo y amándolo en todo momento.

· Más allá de esto, como simples seres humanos, no podemos hacer nada.

Regresando al tema, como padres siempre deben recordar que recibir un diagnóstico de autismo puede ser realmente impactante para una persona, así como muy doloroso. Nos puede ocasionar una depresión muy fuerte, hacernos sentir enojados y decepcionados con la vida, el mundo y quienes nos rodean...

Es natural, es una etapa que todos vivimos. Es un momento de duelo. Y este duelo debes vivirlo como padre, sentirlo en su totalidad, pasar por cada etapa para conseguir superarlo.

Las etapas del duelo fueron instauradas originalmente por la doctora Elisabeth Kübler-Ross.

Ella estudió el dolor en la gente que sufre una pérdida y dio al mundo el conocimiento de las cinco etapas del duelo por el que atraviesa cualquier ser humano.

Un dolor que no sólo es ocasionado por la muerte, sino por cualquier pérdida que ocasione un cambio trascendental en una persona.

En nuestro caso como padres, la pérdida del ideal que teníamos de la vida para nuestros hijos. Una vida «normal», como esperábamos que fuese. El saber que deberemos afrontar situaciones que tal vez parezcan superarnos a nosotros mismos...

Mientras yo pasaba por mi duelo personal, leí varios de los libros de la doctora Kübler-Ross, en ellos encontré un consuelo especial, me ayudaron a encontrar la explicación de mi dolor, a comprender lo que me sucedía y a superarlo. Son libros excelentes, los recomiendo ampliamente.

Conforme a lo dicho por la doctora Kübler-Ross, las etapas del duelo son:

· Negación
· Ira
· Negociación
· Dolor
· Aceptación

Debes vivir cada una de estas etapas, vivirla en carne viva: llorando lo que debas llorar, enojarte con todos los que debas enojarte...

Las etapas del duelo pueden tener otro orden, es decir, a veces puede venir primero la ira que la negación. O bien, puede ser que no pases por una etapa. Depende de cada persona la forma de superar su duelo.

Tómate tu tiempo, debes superar estas etapas, pero al mismo tiempo ayudar a tu hijo. Es por ello que te recomiendo buscar ayuda para superar este momento lo mejor posible y llegar a la aceptación. Porque cuando aceptes lo que ocurre, encontrarás un estado que te permitirá ayudar mejor a tu hijo.

Negación

Es cuando te niegas a aceptar que ha sucedido una pérdida. Esto lo vemos comúnmente en los padres después de recibir el diagnóstico de autismo. Yo lo viví. Mi familia lo vivió.

No aceptas que sea real, el diagnóstico te parece imposible. No eres capaz de ver en tu hijo lo que el médico o el especialista ha dicho. Lo comparas con otros casos de niños con autismo y te dices: «No, mi hijo no es así. No actúa de ese modo. Él no hace esas cosas. Es normal, ya se le pasará…».

Todos los padres pasamos por esto. Es natural.

Sin embargo, también he conocido muchos casos donde los padres se quedan estancados en esta etapa. No asumen que su hijo tenga en realidad autismo, y por lo tanto, no buscan ayuda alguna para él.

A la larga, estos niños sufrirán las consecuencias. El autismo es una condición que necesita ser tratada lo antes posible, mientras más pequeño el niño, mejor.

Por lo que privarlo de los tratamientos y terapias podría tener repercusiones importantes en su desarrollo y en el progreso que podría alcanzar.

Sin mencionar que la falta de apoyo en su condición particular, podría generarle estrés y heridas psicológicas que podrían durarle toda la vida.

Todos conocemos los casos de abuso escolar (bullying), los niños pueden ser muy crueles en ocasiones, y nuestros hijos con autismo son un blanco fácil.

Existen muchos casos de niños dentro del espectro del autismo que se suicidaron por no poder soportar las burlas y el acoso de sus compañeros.

Si no nos decidimos a enfrentarnos a la realidad a tiempo y ayudar nuestros hijos a superar sus retos, apoyarlos incondicionalmente en este sendero del autismo, nuestros hijos podrían sufrir consecuencias en la vida mucho más grandes. Mantén en mente que sus heridas serán mucho más dolorosas a la larga de las que nosotros sentimos por un diagnóstico.

Así pues, si amas a tu hijo, enfrenta lo que venga con él y ayúdalo a superar el camino que enfrenta. No hagas que se sienta solo, negar la realidad no va a cambiarla, sólo la hará más difícil para él.

Enojo

Es el paso que viene cuando hemos superado la negación. Nos enfrentamos a la realidad y esto muchas veces nos hace sentir furiosos con lo que sucede. A veces, este enojo lo podemos dirigir a todos y a todo lo que nos rodea, incluidos nuestros hijos. Debemos cuidarnos de no hacer esto.

Está bien sentirnos enojados, pero no debemos desquitar nuestro sentir con ellos. Nuestros hijos no tienen la culpa de nada, ellos no pidieron tener autismo. Molestarse con ellos, incluso ignorarlos, puede herir sus sentimientos enormemente, a veces de forma permanente.

No olvides que tu hijo, aunque no hable, aunque no te mire, está allí, es una persona que siente, a veces mucho más que cualquier otra. Y le dolerá que su propia madre o padre, que su familia, no lo ame y acepte como es.

Es importante evitar pasarlos por alto, algo muy común en especial en esta etapa. Actuar o hablar de ellos frente a ellos, como si no estuviesen presentes, es una falta de respeto para ellos.

Quitarle algo de las manos de forma violenta, porque te molesta que lo haya cogido, casi arrancándoselo de los dedos sin explicarle que no debe hacer eso, sin hablarle, sin mirarlo siquiera, es una falta de respeto.

Llevarlo al médico o a las terapias con desgana, casi como si fuera una obligación que te molesta al punto de las náuseas. Y comportarte de este modo frente a tu hijo, sin tomar en cuenta sus sentimientos, es una falta de respeto para tu hijo.

Son sólo unos ejemplos, pero claros de lo que suele pasar en esta etapa cuando no es llevada adecuadamente. Recuerda, está bien enojarte. Puedes sentir frustración, ira, deseos de gritarle al mundo. Estás en tu derecho. Es la naturaleza humana. Es una etapa que debes vivir. Sólo hazlo correctamente, y lo más importante, no te desahogues contra tu hijo.

Una psicóloga me recomendó algunos tips muy útiles para sacar el enojo que voy a compartirles. Son muy sencillos, y hasta conocidos, pero bastante eficientes:

- Tomen un cojín, pónganselo en la cara y griten a todo pulmón en él.
- Si sienten deseos de golpear algo, péguenle al cojín con todas sus fuerzas. Saquen esa frustración y rabia a golpes, desquítense con el cojín.
- Escribe todo lo que sientes en una hoja, con una pluma lápiz o crayón de color rojo de preferencia. Luego gritas tus sentimientos, releyendo las mismas palabras hasta que te sientas mejor, y finalmente quemas la carta.

Puede parecer fuera de lo convencional, pero en realidad tiene un efecto bastante positivo.

También puedes buscar ayuda y apoyo con un profesional, esta etapa que estás pasando es dura y grande, y es importante que sepas afrontarla correctamente. No temas buscar ayuda, vas a sentir un gran alivio pudiendo hablar con alguien y sacar esas emociones que llevas guardadas dentro, algunas que tal vez ni siquiera sabías que tenías.

El apoyo de la familia y amigos puede ser de gran beneficio para ti. Sin embargo, te sorprenderá el gran apoyo que encontrarás en otros padres como tú. Nadie podrá entenderte mejor que alguien que ha pasado por lo mismo que tú estás pasando. Seguramente esos padres te darán consejos para saber afrontar en la mejor medida lo que te espera a ti y a tu hijo, te recomendarán especialistas, recetas, lugares a los que acudir donde serás bienvenido con tu hijo, colegios donde podrás encontrar ayuda y apoyo...

En mi camino como madre de una niña con autismo, el apoyo de otros padres ha sido invaluable para mi familia y para mí, hemos encontrado amigos extraordinarios, personas de un enorme valor moral y espiritual. Personas y amigos que no habríamos conocido probablemente, de no haberse juntado nuestros senderos del autismo.

Acérquense a estos padres, no se arrepentirán, encontrarán amigos para toda la vida, amigos incondicionales que los entenderán y se convertirán en un apoyo invaluable para ustedes y sus hijos.

Negociación

Durante esta etapa, la persona que está pasando por el duelo intenta llegar a un acuerdo con un ente superior (Dios), para evitar que esto ocurra.

La persona que está atravesando por esta fase de dolor, intenta manipular al destino, a Dios, o a quien crea responsable de lo que sucede, para cambiar el desenlace que no desea. Puede ofrecer rezar más, ser una mejor persona, cambiar algo de su vida.

En esta etapa, como padre o madre de un niño con autismo, comienzas a ir atrás en tus recuerdos y a preguntarte ¿qué fue lo que hice que ocasionó esto? ¿Y si lo hubiera hecho diferente…?

Como madre te preguntas: «¿Si no hubiese trabajado tanto? ¿Si no hubiese comido tal cosa? Si el autismo se desarrolla en el vientre, ¿qué fue lo que hice para provocar este mal desarrollo en mi hijo?»

También te cuestionas sobre el caso de las vacunas, cada vez más famoso; no dejas de abrumarte por el ¿habrá sido eso? ¿Si no lo hubiese vacunado? Si hubiese investigado más… ¿Cómo pude confiar en ese médico…?

Pero la única verdad es que no existe el *hubiera*.

No hay nada que puedas hacer para modificar el pasado. Eso ya quedó escrito en el libro de nuestra vida y no se puede volver atrás.

Pero tienes un gran futuro por delante para escribir, y por ahora llevarás de la mano a tu hijo en las líneas que quedarán grabadas en sus páginas.

De ti depende dejar esos pensamientos atrás y luchar por un mejor futuro para tu hijo. De nada sirve mortificarte por lo que no se puede cambiar. En lugar de eso, pon manos a la obra en lo que sí se puede cambiar. Y el futuro de tu hijo aún no está escrito. Tú puedes hacer grandes cambios por él si te lo propones.

Depresión

Esta fase ocurre cuando la persona que está sufriendo el duelo ha superado todas las etapas anteriores. Se dice que durante esta etapa la persona se ha dado cuenta que nada de lo que ha sentido anteriormente hará que las cosas cambien. Esto lo hace sentir impotente y triste, nace un sentimiento de autocompasión que parece superar a todos los demás en la persona.

Puedes llorar por días enteros, dejar de comer, el deseo de querer estar acompañado desaparece... Y la culpa de lo ocurrido no te deja ni respirar siquiera... Creo que no existe una persona adulta en esta vida que no se haya sentido deprimido.

Sin embargo, esta clase de depresión es fuerte, no dura sólo un par de días en los que te sientes triste. Es la clase de dolor y tristeza que pueden derrumbar a una persona, y tal vez conducirla al suicidio si no se manejan con cuidado.

Es importante vivir tu dolor, pero no dejarte derrumbar por él. En especial porque tienes un hijo que depende de ti para salir adelante. Aunque tu hijo esté apoyado por amigos y familiares, tú eres su padre o su madre, y nadie puede reemplazarte en su vida. Eres invaluable para él, no lo olvides.

Así que ponte en los zapatos de tu hijo, ponte en su lugar: ¿te gustaría que tu padre o madre te apoyara y compartiera contigo esta etapa?

¡Por supuesto que sí!

Te toca ser la roca, el pilar, la base sólida en la que se levantará tu hijo. Así, pues, llora lo que debas llorar y al día siguiente levántate, sécate las lágrimas y sal a ayudar a tu hijo.

Si necesitas ayuda médica, no te sientas mal por pedirla, las pastillas y las consultas psicológicas son más habituales de lo que crees entre nuestros casos como padres.

No te agobies con pensamientos negativos, que sea sólo lo positivo aquello que invada tu mente en este tiempo.

Recuerda que en cuanto hayas superado esta etapa, todo mejorará.

Vendrá la aceptación y, de algún modo, el mundo volverá a girar, el arcoíris volverá a tener color y el sol a brillar.

En nuestra tormenta no lo vimos así, pero ahora, que todo parece volver a su cauce, verás que esto que parecía terrible no lo es, y que en realidad es algo que podemos afrontar.

Lo harás bien, porque lo harás por tu hijo; el ser que más amas.

Al ser que amas más que a ti mismo. Y por el que lucharás día a día, cada minuto de tu vida, para ayudarlo.

Aceptación

Como la palabra lo dice, esta etapa se da cuando la persona acepta lo que ocurre; ha pasado el duelo, se da cuenta que es su nueva realidad y que no puede cambiarla: es el primer paso para comenzar a ver el mundo desde una perspectiva más positiva.

En esta etapa, es cuando debes enfocarte en hacer todo lo posible para ayudar a tu hijo a salir adelante. Te enfocas en crecer como persona en el camino que vas transitando con tu hijo de la mano, aprendiendo de él y de los que te rodean. A leer y estudiar en lo posible sobre el autismo, con el enfoque de ayudar a tu hijo, y más adelante, seguramente a quienes vengan después de ti.

Algún día, tú serás el padre que aconseje a otros qué camino tomar, qué hacer. Tú vas a ser quien apoye y dé esperanza a otros con su propia experiencia. Tal como otros padres hicieron en su momento por ti.

Pero creo que lo más importante es que aprenderás a ser feliz con tu hijo. A ser feliz sin importar la etiqueta del autismo, y la verás así: sólo como una etiqueta que en nada cambia al ser que más amas en el mundo, pues al fin conseguirás ver en tu hijo al mismo niño maravilloso, hermoso, inteligente y perfecto que veías antes de que alguien le impusiera la etiqueta del autismo.

Incluso lo verás más perfecto que antes. Aprenderás a apreciar al autismo, a respetarlo y a las personas que están dentro de este trastorno. Comprenderás que un diagnóstico no hace diferente a una persona, sólo más especial. Las personas con autismo tienen un corazón enorme, no hay maldad en ellos (muchos ni siquiera pueden mentir). Y entonces sabrás que tu hijo no sólo ha venido a cambiar tu vida para mejor, sino a todo este mundo, a esta sociedad enferma de egoísmo, maldad y violencia.

Sin duda, este mundo sería mucho mejor si todos tuviésemos los ojos especiales y el corazón tan grande de un niño con autismo.

Superando mi duelo

EL DALAI LAMA DIJO: «AUNQUE NO SABEMOS LO QUE NOS depara el futuro, debemos siempre hacer algo por la vida a favor de otros». Es una frase profunda, llena de sabiduría y de razón.

Al enfrentar el autismo de nuestros hijos, no sabemos qué nos esperará en el futuro, pero siempre podremos hacer algo en favor de ellos. Mientras lidiamos con nuestro duelo, creo que esta frase es un mantra excelente para tenerlo en mente.

En mi caso, mantener a mi hija como el centro de motivación para levantarme y luchar por ella, me ayudó a lidiar con mi duelo y con el hecho de no saber qué esperar del futuro.

Para mí, superar estas etapas fue difícil. Me encerré en la etapa de la ira y depresión mucho tiempo… No me sirvió de nada.

Como he mencionado antes, yo todavía no tenía idea de mi propio diagnóstico y enfrentarme a esta nueva noticia, que mi hija tenía autismo, fue una de las cosas más duras que he tenido que hacer en mi vida.

Recuerdo que cuando todo este tema del autismo comenzó en nuestra vida, sentía mucho enojo. Le gente me decía: «Debes ser fuerte, Dios no manda a niños así a personas débiles... Dios te la mandó porque tú eres especial y sólo tú podrías sacarla adelante».

Sé que lo decían con la mejor de las intenciones, para animarme e intentar consolarme, pero todo lo que yo oía era: «Dios no te quiere lo suficiente para enviarte un hijo sano».

No entendía por qué tuvo que ser mi hija, habría dado mi vida por ella sin rechistar, habría dado todo por ella... Marian no fue una niña planeada, pero la quise desde el principio, y lo único que le pedí a Dios fue que viniera sana. Y al principio era así, se suponía que era así... Diez dedos en los pies, diez dedos en las manos, una calificación casi perfecta al nacer, ningún problema durante su desarrollo, incluso iba un poco más avanzada... ¿Qué demonios había pasado entonces?

En un momento todo iba bien y al siguiente todo se derrumbaba. Todo por lo que habíamos trabajado tan duro no valía nada... O al menos así se presentaba esa realidad ante mis ojos.

Tanto esfuerzo por pagar todo lo mejor: el mejor pediatra, vacunas, medicinas, leche, etcétera. Todo en vano, porque de todos modos ella había enfermado, ella no era la pequeña «normal» que creíamos...

Llegar al diagnóstico de autismo fue difícil, pero conseguir la respuesta no nos dio ninguna alegría, fue como llegar a un abismo del que ya no teníamos salida. Era como si hubiese sido estafada por el destino...

Tenía el corazón roto, me sentía enojada con el mundo, con Dios, con la vida misma. No entendía cómo el destino podía ser tan cruel para enviarle a mi hija, un ser puro y bueno, un diagnóstico así.

Las comparaciones con otras madres que no habían querido a sus hijos y los habían abandonado, aun cuando eran perfectamente sanos, o madres que no se cuidaron durante su embarazo y tuvieron hijos sin ningún problema, me hicieron sentir todavía más enojada. Yo me había cuidado lo mejor posible durante mi embarazo, había deseado y amado a mi hija, le habíamos dado todo... ¿Por qué le pasaba esto, entonces? Preguntas como ésta no dejaban de rondar mi mente.

Recuerdo no querer salir a la calle por ningún motivo, sentía que todo el mundo nos observaba y cada vez que alguien se «atrevía» a mirar feo a mi hija, era como si una especie de *switch* se encendiera en mí y el natural estado pacífico y amoroso en mí desapareciera, para dar lugar a una versión tipo Hulk de mí misma, agresiva y furiosa con el mundo.

En una ocasión, una vecina me dijo: «Lo que debes hacer es abrazar muy fuerte a tu hija y decirle te amo», me hubiera gustado soltarle un par de cosas sobre dónde podía meterse su consejo.

Seguramente lo hizo con la mejor intención, pero en ese momento de dolor y vulnerabilidad, me sentí atacada, como si yo no hubiese abrazado ya miles de veces a mi hija, como si no le dijese ya en cada oportunidad lo mucho que la amaba.

Y es que en nuestra sociedad, es una realidad todavía muy extendida el culpar a la madre de las enfermedades o problemas de los hijos. Y el autismo no ha sido la excepción.

La idea de las «madres refrigerador» aún sigue siendo considerada entre la gente, la antigua teoría de que el autismo era causado por madres que eran indiferentes a sus hijos. En pocas palabras, el autismo era culpa de las mamás que no habían hecho caso ni abrazado lo suficiente a sus hijos en una etapa crucial de su desarrollo.

Ahora se sabe que nada de eso es cierto, pero duele cuando te echan la culpa. Aun cuando sabes que no son más que ideas fundamentadas en la ignorancia, duele en el alma. Y esto es porque te tocan el punto que más amas y que más vulnerable sientes: a tu hijo.

A pesar de que sabes que son ideas retrógradas y retorcidas, estas palabras te lastiman porque estás tan sensible, que aunque no lo quieras, todo te llega profundo, igual que un proyectil dirigido directo a tu corazón vulnerable y ya atormentado de madre.

Enfrentar a la familia, con sus diferentes ideas, es otro obstáculo.

Ellos también muchas veces viven su duelo personal. Y la etapa de la negación es un frente muy duro que superar para ellos, quizá tanto como a los mismos padres.

Hoy en día muchos abuelos crían o conviven muy cerca de sus nietos, al grado de que ellos son unos segundos hijos para sus abuelos. Por lo que el enterarse de una noticia tan trascendental como es el diagnóstico de autismo, es igual de duro para estos abuelos como para los padres.

No todas las personas son capaces de aceptar una discapacidad en la familia. No lo hacen con facilidad y puede ser que algunos nunca lleguen a hacerlo.

Lidiar con todo esto de golpe, como sucede en la mayoría de los casos en que se dan esta clase diagnósticos tan repentinos, que llegan a cambiar tu vida y la de tu familia, nos estaba desmoronando personalmente y como familia.

Debíamos encontrar la manera de lidiar con este dolor y salir adelante para conseguir luchar por nuestra hija.

Debíamos encontrar la paz, eliminar estas emociones negativas y convertir este tumultuoso presente en que se había convertido nuestra vida, en uno de alegría. Tal como habíamos soñado que nuestra vida sería. El autismo no debía vencernos. Debíamos salir del túnel de oscuridad para encontrar la luz. Y esto sólo podíamos hacerlo si nos mentalizábamos para lograrlo.

La oscuridad no estaba, después de todo, allá afuera, sino en nuestras propias mentes, en nuestros propios corazones.

Como ha expresado tantas veces el Dalai Lama, al hablar acerca de la naturaleza de la mente, es importante para todo ser humano mantener cerca de nuestro corazón el mensaje universal de nuestra propia naturaleza: el mensaje del amor, la compasión, la tolerancia y el perdón espiritual. Y también practicar la autodisciplina a través de la conciencia de los resultados negativos que pueden traer en nuestra vida sentimientos como el odio, la ira, el miedo y todos aquellos sentimientos que no sean buenos para nosotros.

Éste es el mismo mensaje que transmiten todas las grandes tradiciones espirituales o religiones. Lo que tienen en común. Y es porque es algo que todos los seres humanos compartimos en nuestro ser.

Se nos ha enseñado a lo largo de nuestra vida que la naturaleza es cruel y competitiva, y por lo tanto, así debe ser también el ser humano. La supervivencia del más fuerte, del más hábil.

Sin embargo, la realidad no es así. Nuestro más grande instinto como seres humanos es la compasión. La bondad. El amor.

En una sociedad corrupta por una baja moral y valores incorrectos, donde se le da más importancia al dinero, al poder, al narcisismo y al egoísmo, es difícil reconocer en nosotros mismos nuestra propia naturaleza bondadosa o compasiva. Pero es así, es nuestro ser, nuestra realidad más pura como seres humanos.

Y si deseamos mejorar como personas, debemos rebuscar en nosotros mismos nuestra verdadera naturaleza, nuestro ser más puro de bondad, para así comenzar a sanar y mejorar interiormente, y al mismo tiempo, ayudar a los demás a sanar de esta enfermedad que hoy ocupa el corazón de los hombres, poniendo las riquezas materiales y el poder por encima de los sentimientos, la compasión y el amor mismo.

Debemos aprender a distinguir los sentimientos que nos van a dañar interiormente, aquellos que vayan en contra de nuestra naturaleza, para conseguir combatirlos y vencerlos.

El amor y la compasión son una cualidad mental en una persona. Y también lo es el practicar la autodisciplina para tratar de reducir el enojo, el miedo, la ira...

Estas emociones negativas también forman parte de nuestra mente. Sin embargo, debemos mantener siempre presente la ley de la causalidad. Ya que nuestra mente está unida a nuestro cuerpo, nuestro cuerpo depende de nuestra mente. Y nuestra mente atraerá eventualmente lo queramos o no queramos a nuestra vida. Es una cosa de causa y efecto.

Para tener una vida feliz, debemos cuidar los sentimientos y pensamientos que estén en nuestra mente. Debemos motivarnos para trabajar con las emociones, pensar positivo, evitar los sentimientos o pensamientos negativos o destructivos para nosotros.

La única manera de trabajar con estas emociones negativas, es trabajando con las emociones contrarias. Hacer que nuestra mente tenga presentes en mucha más grande medida la alegría, el gozo, la compasión y el amor, que contrarrestarán los sentimientos negativos.

Así pues, si te mantienes con pensamientos positivos, tu mente se mantendrá positiva, y vendrán cosas positivas a tu vida.

Es una ley sencilla que es fácil de aplicar.

La cosa es decidirse a hacerlo.

En nuestro caso, fue algo difícil, que necesitó de decisiones radicales en cierta medida, que a largo plazo nos trajeron el bienestar que esperábamos. Marian era la única nieta y sobrina de nuestro núcleo familiar, tanto en el lado de mi marido como el mío. Marianita era muy cercana a sus abuelos y sus tíos, y para ellos esta noticia fue muy dura de aceptar. Y también pasamos por el lado de negación.

Cuando te enfrentas a un diagnóstico tan imponente como el autismo, te es difícil como padre aceptarlo, y el que la familia que te rodea y que se supone que te apoya, no lo haga, hace mucho más difíciles las cosas.

Y no es que diga que la hayan rechazado, todo lo contrario. Sencillamente era la idea de aceptar que ella tenía autismo. Esto se convirtió en un obstáculo muy grande. Como he mencionado antes, es importante aceptarlo para poder trabajar con ello. De lo contrario andarás divagando en busca de otras ideas, otros diagnósticos, otras salidas, y con ello, desperdiciando tiempo valioso.

Para nosotros fue así. La idea de introducir a Marian a las nuevas dietas, elegir una terapia específica por encima de otra, buscar nuevos tratamientos, han sido temas de controversia y discusión dentro de nuestras familias.

No obstante, algo que hemos aprendido de esto, es que al final como padre tú tienes la decisión final. Por lo que, como papá investiga lo más posible, habla con médicos y terapeutas, pide consejo a otros padres y toma una decisión. Y luego mantente firme en esa decisión.

Con el tiempo tu familia lo comprenderá, quizá llegue a apoyarte. Lo importante es no dejarte llevar como una veleta por un camino u otro. Nunca podrás darles gusto a todos. Ni siquiera lo intentes. Es algo imposible. Aquí el único que importa es tu hijo, por lo que haz lo mejor para él.

Sin embargo, cuida de mantenerte positivo, de hablar con tu familia con amor, manteniendo un respeto cariñoso por tus padres, hermanos y demás personas que te rodeen a ti y a tu familia. Su intención es buena en la mayoría de los casos, buscan ayudarte y a tu hijo, y están pasando un duelo que es tan tangible en cuanto al dolor, la frustración, enojo o negación como el que tú mismo has vivido.

Respeta eso, respeta su dolor, ama su intención de ayudarte y comprende que buscan formar parte de esta etapa de tu hijo. Y en muchas, muchas ocasiones, su ayuda será un aporte enorme, invaluable. Quizá ellos mismos consigan ayudarte a salir de tu depresión, de tu duelo en sí. Quizá ellos encuentren excelentes opciones de tratamientos y terapias para sacar a tu hijo adelante. Quizá terminen sabiendo más de autismo que tú.

Pero si el caso es el contrario, si la negatividad continúa, si no consiguen aceptar que tu hijo tiene autismo, te toca a ti mantenerte firme como padre para ayudar a tu hijo. No olvides que tú tienes la decisión final. Si tu hijo tiene autismo, negarlo no lo ayudará.

El mantenerte firme no significa iniciar discusiones o distanciamientos, sólo el decidir buscar lo mejor para tu hijo. Y es en este momento que debes mantener tu mente positiva. Cada día cuenta, no dejes de vivir con alegría cada tiempo que pases con tu hijo. Sin importar lo oscuro que se vea el panorama, lo difícil que sea ese día, recuerda que ese día en específico no volverá, tu hijo no será pequeño para siempre, aprovecha cada instante a su lado, abrázalo, ámalo, juega con él, ríe con él, sean felices mientras buscan la luz en esta senda del autismo, esto te ayudará a vencer los pensamientos negativos. Y a la vez contagiarás a los demás con tu alegría y positivismo.

Una gota de agua, pequeña, suave y delicada, es capaz de partir en dos la roca más dura con el tiempo.

A nosotros nos llevó años conseguir llegar a esta determinación, y considero que ha sido lo mejor que hemos hecho. Debimos alejarnos un poco del núcleo familiar, irnos a otro estado en una búsqueda de un ambiente más sano y menos contaminado. Comenzar de cero la dieta, pues con la familia cerca, era imposible conseguir alejar a Marian de la comida chatarra, las galletas, dulces, etcétera. En fin todos los alimentos prohibidos que encontraba en las casas de los abuelos por doquier.

Fue algo drástico y duro para nosotros, que somos apegados a nuestras respectivas familias. Y también para ellos, pero nos apoyaron y comprendieron. Para nosotros fue la única forma de luchar por nuestra hija y nuestra propia familia. Y con el tiempo, ellos se han unido a nuestras ideas, respetan nuestras decisiones y es más, buscan por sí mismos más opciones para que las tomemos en cuenta sobre tipos de alimentos, terapias y nuevos artículos científicos con datos de estudios sobre el autismo que estén saliendo a la luz.

En pocas palabras, nuestra familia nos está apoyando.

Ahora las cosas van más encaminadas. No somos expertos, flaqueamos, a veces caemos, no somos perfectos, sólo somos simples humanos compartiendo su mismo camino en la lucha por ayudar a nuestra hija. Pero conocemos la meta que tenemos por delante y nos mantenemos fijos en la senda para llegar a ella. Podemos flaquear, pero no nos rendimos. Si nos caemos, nos volvemos a levantar. La meta sigue allí y algún día, tengo fe en ello, conseguiremos llegar. Superar el duelo es difícil. Muchas veces recaes en alguna etapa, sientes dolor, enojo, te deprimes... Es completamente natural.

La depresión ha sido un compañero constante en mi camino de autismo. Algo así como un verdugo que lucha por abrirse camino para hundir su filo en mi corazón.

Luchar contra la depresión es siempre una lucha constante. Y aunque es natural sentir este dolor, no debemos dejarnos aplastar por él, o nos devastará.

Y como padre, no puedes permitirte ser devastado.

Yo no pude permitirme ser devastada, tenía que luchar por mi hija. Así que debí secar mis lágrimas y seguir adelante, buscar la manera de salir del abismo.

Ya lloré ayer, ahora debo luchar.

Sin embargo el dolor, la amargura, tardaron en irse. Y muchas veces vuelven a tocar la puerta de mi corazón. Entonces recuerdo las palabras, las únicas palabras que realmente me consolaron, y vinieron de la terapeuta de lenguaje de Marian: «ella te eligió a ti».

No podía soportar que el destino o Dios me hubiese elegido, pero que mi hija me eligiese a mí como su madre, eso me hizo alzar la cabeza, secar las lágrimas y decidirme a luchar por ella.

Mi propio diagnóstico

Yo no tenía idea de mi autismo.

Toda mi vida había sido diferente, sin embargo, el hecho de que todas aquellas conductas «extrañas» tuviesen una explicación y un nombre, nunca pasó por mi mente.

El diagnóstico no ha significado un cambio relevante para mí; de alguna forma me sentí liberada. Darme cuenta que no era la única persona que pasaba por esto, me ayudó a comprender que muchas cosas tenían explicación; también me ayudó a entender más a mi hija para apoyarla de la mejor manera posible.

Mentalizarme para recordar lo que yo atravesé de niña me ha servido para comprender varias de las situaciones que está viviendo Marian. Seguramente mi sentir ha estado en una escala mucho menor a las cosas que ella atraviesa actualmente, pero me ayuda a comprenderla mejor.

A veces me pongo a pensar en mis recuerdos de la niñez (algunos de los primeros los tengo de edad muy temprana, alrededor de los tres años), y me es más sencillo comprender qué es lo que ella está pasando en un determinado momento. Por ejemplo, recuerdo que de niña me angustiaba mucho encontrarme en otro sitio que no fuese mi casa o algún otro ambiente conocido. Por lo general no podía recordar cómo había llegado allí, vivía como en una especie de cambios de cuadro de cámara, si lo ves desde el punto de vista de una película; de pronto me encontraba en un sitio, al siguiente en otro. Y no tenía idea de cómo volver a mi casa.

Esto me resultaba angustiante, era una situación que salía de mi control, me daba mucho miedo no poder volver jamás a mi hogar; en gran medida, la angustia se generaba por el desconcierto de encontrarme en un sitio sin saber cómo había llegado allí.

Es como cuando te duermes en un sitio desconocido y de pronto despiertas en otro, sin saber cómo has llegado allí. Esa clase de angustia.

Pensando de este modo, he podido ponerme muchas veces en los zapatos de mi hija. Para los niños con autismo cambiar de ambiente puede resultar difícil, incluso agobiante. Y me imagino que en su mente, Marian debe sentir una angustia similar a la que yo experimentaba.

Tener la capacidad de comparar las experiencias de mi infancia con las vivencias actuales de Marian, me ha ayudado a entender mejor a mi hija cuando sufre una crisis o parece alterarse por un motivo que desconozco o pasa desapercibido, así como a comprender por qué es tan difícil avanzar en este trastorno.

Han pasado más de tres décadas y aún tengo muchos retos que enfrentar y estereotipos que trasgredir; situaciones que para cualquier otra persona pueden ser rutinarias, a mí me provocan angustia y estrés.

Conducir me es imposible, salir de mi casa es un reto mayor y hacerlo sola es difícil, más aún cuando debo ir muy lejos; estar rodeada de mucha gente me provoca una ansiedad tremenda. Me gustan mis rutinas, que nada cambie, sentirme segura en mi zona de confort. Esto le sucede muchas veces a mi hija, y es precisamente eso lo que me ayuda a comprenderla mejor.

Saber que estos patrones se deben al autismo me ha ayudado a entenderme y también a Marian; sin embargo, me he propuesto no centrarme en los obstáculos y justificarme en este diagnóstico para no asumir retos. Por el contrario: es una buena base para continuar luchando por el bienestar de mi familia.

Algunas veces, como padres caemos en el error de creer que nuestros hijos son incapaces de hacer muchas cosas, y, llevados por la cotidianidad, dejamos de exigirles hasta lo más mínimo. Como a nuestro hijo se le dificulta hacer algunas cosas, las hacemos por ellos, no les imponemos normas ni límites porque en cierta forma nos sentimos mal por ellos y por las dificultades que atraviesan.

Esto es un error común en los padres —y debo admitir que seguimos cayendo en él—. Es importante tener en mente que con esta conducta no beneficiamos a nuestro hijo, como nosotros mismos no nos hacemos ningún bien al no buscar mejorar como personas.

Las profesoras y psicólogas continuamente me recuerdan que antes que nada, nuestros hijos son niños, y los niños saben muy bien cómo tomarle la medida a sus padres. Hacen berrinches para conseguir lo que quieren, se molestan cuando no se salen con la suya o se vuelven flojos porque saben que los padres resolverán por ellos todos sus problemas.

Las consecuencias son evidentes en cualquier niño que no tenga límites: crecerá pensando que siempre podrá salirse con la suya y no tendrá tolerancia a la frustración.

Si son nuestros hijos esto será peor, porque los convertiremos en seres insoportables y completamente dependientes de nosotros.

No debemos usar el autismo como un medio para justificar comportamientos. Un niño con dislexia tendrá que trabajar más duro para aprender a leer, un niño sin una pierna deberá aprender a caminar con una prótesis o un niño con autismo deberá esforzarse para superar las dificultades que traigan a su vida este trastorno. Si no se esfuerzan, no mejorarán ni se superarán como personas.

Como padres nos corresponde apoyarlos en esa transición, pero eso no significa hacer el trabajo por ellos. Debemos enseñarles y educarlos, como lo haríamos con cualquier niño.

Por difícil que esto resulte, es algo que siempre debemos tener en mente (confieso que éste es mi punto más débil).

Temple Grandin ha relatado varias veces cómo desde pequeña su madre le impuso normas y reglas, lo que le ayudó a salir adelante y llevar una vida independiente cuando creció.

Mis padres no sabían que tenía Asperger —en ese tiempo ni siquiera se sabía de ese trastorno—, pero conocían mis limitaciones, mis miedos y dificultades. Mis hermanos eran todos sociables y buenos para el deporte, y yo era la niña retraída, solitaria y con la coordinación de una almeja fuera del agua para cualquier deporte. Era diferente.

Tan diferente que en muchas ocasiones escuché comentarios burlescos acerca de si era adoptada, por ser tan diferente a los demás miembros de mi numerosa familia.

Sufrí burlas y acoso escolar; quizá por ello tiendo a sobreproteger a mi hija.

Si hay algo que aprendí de mi padre y mi madre es a ser fuerte, a perseverar, a creer en mis propias habilidades, a saber que yo misma puedo resolver mis problemas, porque tengo la capacidad para hacerlo.

Y es eso lo que deseo transmitirle a mi hija.

Mis padres, a pesar de que sabían que era diferente en muchos aspectos, me apoyaron y me dieron cierta independencia, pero al mismo tiempo me impulsaron a esforzarme al máximo, me impusieron normas familiares y cuando fue necesario, me obligaron a enfrentarme con las situaciones que me eran incómodas.

Esto me ayudó a aprender a enfrentarme al mundo, a manejar el miedo que una situación desconocida me pueda provocar y saber que está en mí superarlo o no: luchar contra esas situaciones que te resultan desagradables y vencerlas. Y sobre todo aprendí de ellos que yo puedo superar cualquier cosa.

Mis padres siempre creyeron en mí.

Y para un hijo no hay nada más importante que esto. Gracias a ese aprendizaje, es que ahora le doy a mi hija no sólo comprensión, sino la certeza de que creo en ella, en sus capacidades, en su inteligencia y en su habilidad para salir adelante.

Como una persona a la que continuamente pasaron por alto y hablaron de ella en su cara como si fuese un mueble sin tomarla en cuenta, les aseguro que saber que tus padres crean en ti es algo muy importante. Algo que te ayuda a creer en ti mismo también.

Pocas personas conocen mi diagnóstico. No es algo que lleve etiquetado, he aprendido a actuar como cualquier otra persona, algo excéntrica, pero si me esfuerzo nadie notará nada.

Me di cuenta de que un diagnóstico no te convierte en una persona diferente. Ya lo había pensado con mi hija, pero cuando se trata de ti mismo, estas palabras tienen otro peso. Cuando alguien a quien conoces te comienza a ver diferente y a tratarte de otro modo sólo porque se ha enterado que tienes un tipo de autismo, te das cuenta de lo importante que puede ser para una persona enterarse de un diagnóstico; muchos te pondrán una etiqueta invisible en la frente, que a sus ojos te hará ver diferente.

Creo que fue en ese momento cuando determiné ayudar a mi hija dando a conocer el autismo. Yo podía soportar que la gente me mirara como quisiera, podía callarme lo que fuera, pero nadie sabría que tenía autismo, daba igual. Pero a Marian la etiquetaban, y en la mente de la gente sólo veían a alguien con autismo. Y esta palabra, para tantas personas todavía es una palabra sin sentido, colmada de interrogantes y nublada por la ignorancia.

He querido dar a conocer el autismo en cada novela que he escrito, para que no sólo sepan que esta condición de vida existe, sino que forma parte de la vida de muchas familias, de personas que son discriminadas de nuestra sociedad por ignorancia.

En otro tiempo, a mi hija o a mí nos habrían institucionalizado, habríamos pasado nuestras vidas tras los muros de un hospital mental, encerradas y lejos del mundo, de nuestras familias y la sociedad.

En un futuro, cuando las pruebas para reconocer el autismo en un bebé en el vientre de su madre, como se promete actualmente, sean una realidad, seguramente un gran número de madres tomarán la decisión de abortar. Si eso llegase a suceder, miles de almas preciosas se perderán antes de darles la oportunidad de vivir, mentes hermosas y valiosas para el mundo.

Imaginen un mundo sin la influencia de personas como Einstein, Beethoven, Steve Jobs... ¡Qué horrible mundo sería! ¿Se imaginan un mundo sin estas personas? Resulta difícil imaginarlo, un mundo vacío, hueco, sin hermosas melodías, sin teorías que expliquen nuestro mundo, sin avances tecnológicos... Quizá incluso sería un mundo mucho menos avanzado del que conocemos ahora.

¡Esa sería nuestra realidad si alguien hubiese tomado la decisión arbitraria de que estas personas, sólo por tener autismo, no eran lo suficientemente buenos para vivir! ¡Arrebatarles la oportunidad de iluminar al mundo con su genialidad, de cambiar a esta sociedad enferma de egoísmo y materialismo con la bondad de sus corazones!

Y lo peor de todo es que esto ya ocurre en nuestra enferma sociedad: existen tantos casos de niños que son asesinados en los vientres de sus madres sólo porque tendrán una condición de vida diferente; esta mentalidad cerrada no permite ver lo valioso y hermoso de un ser diferente... Si lo veo en función de mi hija, estoy segura de que el mundo se habría perdido de conocer a una gran persona si ella no hubiese nacido. Una niña con rostro de ángel y sonrisa de estrella de cine, capaz de ganarse cualquier corazón. Yo la tendría de nuevo sin dudarlo. Así, como es: perfecta.

Y es por ella que lucho tanto para transmitir la realidad del autismo, de una condición de vida diferente, pero no por ello menos feliz, menos inteligente, menos cargada de amor.

Gracias a la lucha que muchos padres emprenden por sus hijos, hoy en día el autismo es más reconocido.

También hay un mayor número de estudios científicos realizándose en todo el mundo, buscando respuestas y mejores soluciones para tratarlo.

Es nuestro deber como padres continuar esta misión que una vez comenzaron otros padres como nosotros, motivados por el amor a sus hijos y por defender los derechos de las personas con autismo (y otras capacidades diferentes), luchar por la igualdad y la integración que merecen en nuestra sociedad.

Gandhi creía que el poder más fantástico que existe es el amor. Veía en el amor una fuerza, una fuerza con poder. Nosotros poseemos esa fuerza fantástica para cambiar al mundo: amamos a nuestros hijos.

A veces nos sentimos solos, como si fuéramos pocas personas el mundo con este problema, pero recuerda que todos los grandes cambios en el mundo han comenzado por la decisión de una sola persona. El mar está formado por muchas gotas de agua juntas, como dijo Desmond Tutu. Él habla del gran poder que posee una sola persona cuando se decide a cambiar las cosas. Y esa persona es capaz de contagiar a otros con esa pasión que posee, esa determinación por hacer algo para que las cosas cambien, eso es lo que hace posible cambiar nuestra realidad.

Debemos enseñarle al mundo que nuestros hijos no dejan de ser personas por tener autismo.

Una persona con autismo es sólo una persona que verá el mundo de modo diferente. Tal vez pueda hablar, tal vez no. Se comportará de un modo que tal vez a muchos no les resulte familiar, tal vez les incomode, pero no por ello deja de ser un ser humano pensante y con derechos, con un corazón, sentimientos y un alma. Una persona que merece respeto, que es capaz de amar y, por supuesto, de sentir compasión por otros.

Mi hija es el ser más cariñoso y compasivo que conozco. Se preocupa por mí cuando lloro, por su hermana si
la ve triste, por su papá cuando se lastima. Es inteligente, risueña, le encanta jugar y divertirse como a cualquier
niño. Y en su interior lleva el corazón más grande y puro
que he conocido.

Sin embargo, en el momento en que la gente comprenda esto y vea a nuestros hijos y a todas las personas con
discapacidad como seres humanos completos, serán reconocidos e integrados a nuestra sociedad con los mismos
derechos y consideración que merecen.

Con la fuerza del conocimiento algún día las miradas insidiosas desaparecerán, con el amor dejarán de
apartarnos y con la compasión conseguirán comprender
nuestra situación.

Temple Grandin repite continuamente: «Diferente,
no menos.»

Y es verdad. Mi hija tiene autismo severo no verbal
y es un ser humano con los mismos derechos que cualquiera; tan valiosa, hermosa y grandiosa como cualquier
otra persona.

Yo soy Asperger, una persona con autismo de alto
funcionamiento. Pero al igual que a mi hija, esto no me
define. Soy una madre, una esposa, una hermana y una
hija. Soy autora, diseñadora y pintora. Soy una soña-
dora adicta al chocolate y al café, amante de las buenas
novelas y de los documentales. Y me encanta observar
la naturaleza. El tener o no autismo no me cambia en
absoluto, sigo siendo la misma persona, algo tímida, un
poco alocada y con más sensibilidad que antes. Conocer mi diagnóstico de autismo no me resultó abrumador
en absoluto, pero sí me dio algunas respuestas, me ayudó a saber que esto que me ocurre tiene un nombre, que

hay forma de evitarlo, de superarlo. Solo he necesitado encontrar la forma de enfrentar los obstáculos, y a partir de ahí ayudar a mi hija.En mi caso, tener Asperger me ayuda a comprenderla más allá de lo aparente. No es que estemos conectadas de una manera extraña. No venimos de la misma nave nodriza pero compartimos el mismo lenguaje. Es la conexión de una madre con su hija y las propias experiencias las que me ayudan a conectarme con ella.

Lo que intento hacer con mi hija es algo que cualquier madre haría con sus hijos.

Experimentar el mundo de un modo diferente

EINSTEIN DIJO QUE LA HUMANIDAD REQUERIRÁ DE UNA forma nueva de pensar sustancialmente si quiere sobrevivir.

Quizás el autismo sea en parte este modo diferente de pensar que nuestra sociedad necesita...

Cuando hablamos de autismo, hablamos de personas que no sólo van a tener problemas para comunicarse o establecer relaciones sociales, sino que presentarán un modo diferente de experimentar el mundo entero. Volvamos al tema del exceso de las conexiones neuronales en el cerebro. Como ya sabemos, esto ocasionará que los mensajes se interpreten de modo diferente de como lo haría una persona neurotípica. La persona con autismo suele poseer una sensibilidad mayor a los estímulos (o hipersensibilidad) o, por el contrario, una baja sensibilidad (hiposensibilidad).

Pueden, por ejemplo, oír de más. El sonido de una campana, una bocina de auto, un timbre de escuela para muchos es normal, mientras que para ellos es un estruendo casi ensordecedor que los incomoda a un grado de salir huyendo del ruido. En el caso contrario, al tener una sensibilidad más baja a los sonidos, no responden cuando son llamados por su nombre, al grado de pasar por niños sordos. Este contraste se puede dar en la misma persona, como le sucede a mi hija. Todo está relacionado con las conexiones cerebrales.

Recuerdo que una vez visité a una terapeuta porque Marian tenía un pequeño problema para vestirse. Ella sólo aceptaba ropa de cierta tela y de corte bajo, es decir, camisetas, shorts, nada que le cubriera completamente las piernas o los brazos, nada que le resultase pesado o de textura rígida o áspera, como la mezclilla. Esta terapeuta me ayudó a comprender lo que pasaba por la mente de mi hija. Me dijo: «Ponte en su lugar e imagina que estás en medio de una plaza, al medio día y sintiendo la intensidad del sol. Tú estás vestida con un enorme suéter y pantalones de lana que te pican. ¿No te sentirías angustiada? ¿No querrías quitártelo?, ¿no te daría calor? ¿No te picaría la lana?».

¡Tenía razón!

Y eso es precisamente lo que pasaba por la mente de mi hija cada vez que yo intentaba vestirla con alguna ropa que no era de su agrado. Por su alta sensibilidad, un simple pantalón de mezclilla era pesado como lana mojada, áspero como lija y duro como una tabla de madera.

¡Seguro ni una súper modelo se pondría algo tan incómodo! Éste fue uno de los primeros momentos en que me puse en los zapatos de mi hija, intentando comprender qué sucedía con ella. Cuando uno no comprende qué pasa con su hijo, lo mejor es ponerte a pensar por ellos, ponerte en su lugar, en sus zapatos y con ojo crítico de investigador, intentar sacar conclusiones para saber qué es lo que lo está afectando, por qué, e intentar buscar formas para ayudarlo a superar la situación.

Si los sentidos de nuestros hijos están magnificados —o disminuidos—, su percepción del mundo será muy distinta a la que normalmente tenemos. Las imágenes se verán distorsionadas o más brillantes, los sonidos serán estridentes o inteligibles, las texturas insoportables, los sabores más intensos y los aromas magnificados.

Hay que trabajar con nuestros hijos en estos aspectos para ayudarlos a superar los problemas que los aquejan. A mi hija, por ejemplo, poco a poco le hemos enseñado a ser más tolerante con la ropa. Con ayuda de terapias y mucha paciencia y amor, hemos conseguido que poco a poco acepte nuevos estilos de prendas, como faldas y telas como la mezclilla. Aún tiene muchas dificultades, como los pantalones largos en días calurosos, pero eso a quién no le molesta.

Siempre debemos respetar los deseos de nuestros hijos. A veces nos desesperamos, pero no hay que olvidar en todo momento que estamos tratando con otro ser humano, una persona que merece todo nuestro respeto como cualquier otra, y más todavía porque es nuestro hijo y lo amamos.

A Marian le importa mucho esto. Ella exige ser considerada. Es importante para ella que le preguntemos si desea ponerse algo, ella quiere elegir su ropa, y le gusta que le digan que se ve hermosa con lo que trae puesto, ¿a quién no le gusta...? Es una chica, después de todo. Y a toda chica le gusta elegir su ropa y que sus padres le digan lo hermosa que se ve.

Antes que nada pon a tu hijo primero como persona, respétalo y ámalo. Es increíble lo que el amor hace, los cambios que consigue. Por encima de todas las terapias, el amor es la que más logros consigue.

Habrán momentos en los que te sientas frustrado como padre porque piensas que no te entiende. Debido a las falsas teorías antiguas, que afirmaban que los niños no estaban «conectados» con el mundo, que son indiferentes a lo que sienten los demás o que ellos mismos no sienten, han empujado a las personas a creer que pueden actuar con ellos como si fuesen una especie de máquinas o cosas, y que no van a sentirse heridos.

Nada más lejos de la verdad.

Nuestros hijos sienten tanto como los demás, incluso más. No olvidemos que son hipersensibles. Y esto ocurre no sólo a nivel físico, sino también a nivel emocional.

Yo soy testigo de eso: mi hija puede parecer abstraída en su propia burbuja, pero la verdad es que está atenta a todo lo que sucede. Cuando cree que no le prestamos atención, puedo ver sus ojos fijos en nosotros, en lo que hacemos. Atenta a cada palabra, a cada acción.

Muchas veces nos ha pasado que salimos de compras, y su hermanita elige algo que le gusta. Ella puede hablar, puede expresarlo. Marian no. Y es en estos momentos cuando hay que tomarlos más en cuenta, y en lo posible hacer participar a sus hermanos. Marian está atenta también a lo que su hermana quiere y seguramente ella también querrá lo mismo. Una muñeca, un dulce, una bicicleta… Quizá ni siquiera sepa montar en bicicleta, no importa, ella la va a querer también, y aunque no diga ni pío y no haga nada para demostrarlo, uno debe buscar esa conexión, esa expresión, esa única mirada que deja en claro eso.

Quiere participar de esa experiencia. Ser tomada en cuenta.

Marian puede que no hable, pero lo puedo ver en su carita cuando está tan seria al momento de que su hermana pide algo. Noto cómo su rostro se ilumina y sus ojos se llenan de vida al momento en que le preguntamos si ella también quiere eso, cuando la hacemos partícipe de nuestra convivencia y le hacemos saber que nos importa lo que ella piensa, que la tomamos en cuenta, que nos importan sus deseos. Ver esa alegría en los ojos de mi hija vale más que mil palabras. Le puedo dar la muñeca, la puedo sentar en la bici, le puedo dar el dulce, y quizá no diga nada, pero veo con claridad en su carita, en su sonrisa, a veces en sus bailes (porque sí, se pone a bailar cuando algo le entusiasma mucho), lo importante que fue para ella que la integráramos en ese momento familiar, que le diéramos importancia a sus sentimientos, que la hiciéramos igual a su hermana en el derecho de pedir un regalo.

Para una persona con autismo es invaluable el saberse valorado.

El Dalai Lama recalca la importancia de darle el máximo amor a nuestros hijos, es la forma en que conseguimos ser felices como seres humanos. No olvidemos que la esperanza principal de nuestra humanidad radica en nuestros niños.

El calor humano, la bondad humana, son la base, la fuerza y la estructura de nuestro ser en el hoy, y de quienes serán nuestros hijos —y la humanidad— el día de mañana. «Todas nuestras vidas empezaron con el afecto humano como primer soporte. Los niños que crecen envueltos en afecto sonríen más y son más amables. Generalmente son más equilibrados».

Darles el afecto y el respeto que merecen a nuestros hijos con autismo, nos ayudará a avanzar pasos agigantados con ellos. Debemos ponernos en sus zapatos, recordando en cada momento que son seres humanos que piensan y sienten, y lo más importante, son nuestros amados hijos.

Si nosotros como padres no somos los primeros en salir en su defensa, ¿cómo podemos esperar que otros lo hagan?

Debemos enseñar y educar a nuestros hijos —con y sin autismo—, a nuestra familia y amigos sobre el autismo y el respeto que merecen quienes son diagnosticados, así como todas las personas con capacidades diferentes.

Los actos que hagamos hoy por ellos, se convertirán en el mundo que en un futuro cercano heredarán.

Estimulación temprana

UNA GRAN MAYORÍA DE LOS CIENTÍFICOS QUE TRATAN O estudian el autismo coinciden en que la estimulación temprana es fundamental en los niños diagnosticados con autismo.

El grado de autismo de una misma persona puede variar a lo largo de su vida. Esto es muchas veces gracias a los cambios, dietas, tratamientos y terapias que reciba. Un niño que ha sido diagnosticado a edad temprana y recibe tratamiento y terapia, puede llegar a disminuir el grado de autismo que posee.

Aunque, por supuesto, esto no es una certeza. Cada niño es diferente y tendrá sus propios logros y retos. Algunos niños conseguirán hablar y otros no. Pero no por ello, debemos desilusionarnos si nuestro hijo no consigue una meta que nosotros teníamos esperada para él.

Creo sinceramente que lo mejor que podemos hacer como padres es apoyar a nuestro hijo y festejar cada logro que tenga, por minúsculo que sea, y no permitirnos decaer por los retrocesos que ocurran.

Porque sí, habrá retrocesos, y muchos.

Es inevitable. Y a veces son tantos que parecen ser lo único que ocurre en este camino del autismo. Pero la verdad es que no es así, y debemos enfocarnos en cada logro, por muy pequeño que éste sea. Es la mejor manera de apoyar a nuestros hijos. Demostrarles que los amamos como sea, incondicionalmente, superen o no las características más severas del autismo que los aquejan.

Personalmente, he decidido dejar de lado las expectativas que tenía para Marian. No porque no crea que ella pueda llegar a realizarlas, mi hija es muy capaz. Es porque deseo que ella se forje su propio futuro como lo desee, no con base en mis deseos y expectativas.

Y la misma mentalidad la he adoptado para mi otra hija, que no tiene autismo.

Considero que como padre de un niño, uno debe permitirle soñar con su propio futuro. Guiarlo en lo posible en su camino, ayudarle a levantarse cuando caiga y demostrarle un apoyo incondicional en su trayecto. Y por supuesto, festejar los logros que consiga.

Y hacerlo siempre con nuestros hijos, tengan o no autismo.

Con Marianita, nos prepararnos como padres para festejar cada pequeño logro y luchar cada minuto para alcanzar las metas que nos hemos impuesto. Para sobrepasar los retos que nuestra hija deberá enfrentar desde cada nuevo amanecer hasta el anochecer.

Y vale la pena.

Cualquier esfuerzo por el bienestar de nuestro hijo, la persona que más amamos, vale la pena.

Con Marian el camino ha sido lento y forzado. El autismo de nuestra hija es severo, y los avances que hemos conseguido han sido grandes, sin embargo aún tenemos grandes retos por delante.

No obstante, en la mayoría de los casos, sí hay un gran progreso si el niño recibe las debidas terapias a edad temprana. Es por esto que es tan importante el conseguir un diagnóstico temprano.

Debemos recordar que el tener autismo no es sinónimo de discapacidad intelectual. El autismo puede ser una condición de vida, pero no por ello una limitante en la vida de nuestros hijos. A lo largo de la historia de la humanidad, han habido grandes personajes que tuvieron o tienen autismo, y esto no les impidió dejar un legado invaluable para nuestro mundo. Personas como Albert Einstein, Mozart, Beethoven, Steve Jobs, Bill Gates, Michael Phelps y Temple Grandin, entre otros, son parte de estas grandes personas que han sido reconocidos por dejar una huella excepcional en este mundo. Y todos ellos se consideran dentro del trastorno del autismo.

La doctora Temple Grandin es una de mis personas favoritas en el mundo, y es una persona con autismo.

Ella fue diagnosticada con autismo severo a los cuatro años. Gracias a la estimulación recibida desde pequeña, como ella misma confiesa, es que consiguió hablar y llevar a cabo los estudios regulares y universitarios. Su madre siempre fue un apoyo y un impulso inquebrantable a su lado.

Gracias al apoyo de su madre y gracias a su fuerte temperamento, Temple consiguió salir adelante como una mujer inteligente, graduarse de la universidad, obtener una maestría y un doctorado. Se convirtió en zoóloga, diseñadora industrial y académica de la Universidad de Colorado. Hoy en día imparte clases, da charlas, es autora y es reconocida como una de las más grandes especialistas en bienestar animal y diseñadora de las instalaciones que se utilizan en los mataderos de la mitad de Estados

Unidos y muchos lugares del mundo, que evitan en lo posible el sufrimiento a los animales.

Además, es una de las más importantes promotoras del autismo.

En una conferencia que dictó en el 2013 en Chile, habló de la importancia de la estimulación temprana en niños. Ella aconseja a los padres que impulsen a sus hijos desde muy pequeños para conseguir logros más grandes, pues el autismo no es un obstáculo para no sobresalir en nuestra sociedad.

Las personas con autismo son necesarias para nuestro mundo, su forma de pensar tan diferente ha conseguido grandes avances y cambios positivos en nuestra sociedad.

Como dijo Temple: «Cada vez que uno usa un *smartphone* tiene que pensar que una persona del espectro autista hizo esto posible».

Sin embargo, como padres debemos ayudar a nuestros hijos para conseguir que alcancen su máximo potencial, y esto se refuerza en un niño con autismo, pues dependerá casi completamente de nosotros que esto ocurra.

Y la mejor forma de conseguir impulsar a nuestros hijos, es dándoles desde la edad más temprana posible los tratamientos y terapias que necesiten.

La importancia de realizar estas terapias lo antes posible, es debido al desarrollo del cerebro de nuestros hijos. Entre menos edad tenga un niño, tiene mayores posibilidades de crear nuevas conexiones neuronales que reemplacen el funcionamiento de las dañadas.

Esto es debido a que un cerebro joven posee algo llamado «plasticidad cerebral», que le permite al cerebro modificarse a sí mismo en cierto sentido, donde las zonas sanas se hacen cargo de asumir el control de las zonas dañadas.

Todos conocemos los casos famosos de cirugía en niños a los que se les ha extraído parte o incluso la mitad del cerebro, y estos niños se han recuperado en su totalidad. Esta cirugía sólo tiene este resultado si se lleva a cabo a los niños a temprana edad, pues es cuando el cerebro del infante posee en mayor grado esta plasticidad cerebral.

Esos niños que fueron intervenidos sufrían severos casos de epilepsia, y tras la cirugía un gran porcentaje de ellos se recuperó, su cerebro ha conseguido tomar el control de la mayor parte de la funcionalidad de su cuerpo, asumiendo el mando de la zona faltante, la sección dañada (y extraída) del cerebro.

Esto es gracias a la plasticidad de sus cerebros y terapias, que les permiten reconectar las zonas del cerebro. Los niños, tras la cirugía, quedan paralizados temporalmente de la mitad del cuerpo hasta que estas reconexiones cerebrales devuelven a estos pequeños la capacidad de llevar una vida normal.

El cerebro de estos niños realizó nuevas conexiones y aprendió a manejar su cuerpo en su totalidad, aprendió a llevar a cabo la labor del otro lado del cerebro faltante.

Con el autismo ocurre algo similar.

Existen muchas teorías sobre lo que ocasiona el autismo. Y muchas veces estas mismas teorías chocan unas con otras; están los factores genéticos, medioambientales, las vacunas, contaminación por ciertos alimentos, etcétera. Aún no se sabe con exactitud qué es lo que ocasiona el autismo, pero una cosa es segura: es algo que ocurre en el cerebro.

Por lo tanto, si corregimos las conexiones neuronales a temprana edad, es muy probable que los cerebros de los niños puedan establecer nuevos caminos, nuevas conexiones, y las neuronas sanas ocupar el lugar de las dañadas.

En pocas palabras, mientras antes se atienda el problema y se tomen cartas en el asunto, podremos conseguir que nuestro pequeño con autismo corrija la mayor parte de los problemas que se desarrollan en su cerebro, y llevar así una vida más independiente y «normal».

Esto refuerza la idea de lo importante que es la estimulación temprana. Al igual que en los cerebros de estos pequeños, las terapias ayudarán a reconectar las neuronas sanas, consiguiendo la funcionalidad de aquellas zonas del cerebro dañadas.

Según la información de un artículo que publicó en 2014 por *The New England Journal of Medicine*, en un estudio realizado en la corteza cerebral de veintidós niños fallecidos, once de los cuales tenían autismo, se descubrió que en los cerebros de niños con autismo existían algo similar a parches o huecos en la zona superficial de la corteza cerebral. «Los niños con autismo tenían pequeñas áreas de desarrollo interrumpido en las capas externas del cerebro».Estos huecos podrían impedir que las conexiones neuronales se llevasen a cabo con normalidad. No obstante, esta anomalía no se presenta en todo el cerebro, no es todo el cerebro el que está mal, sino sólo estas zonas diminutas. Gran parte del *neocórtex* de los niños autistas es igual al del resto de niños, por lo que al ser el cerebro de un niño tan moldeable, es lógico pensar que con la debida terapia, un niño pueda establecer nuevas conexiones alrededor de los huecos y llevar a cabo un funcionamiento cerebral normal.

Otro estudio llevado a cabo en Sacramento, California, Estados Unidos, en 2012, demostró que mientras más pronto se dé la estimulación temprana en un niño, mejor resultado tendrá. En este estudio se determinó que la intervención temprana en niños pequeños normalizaría la actividad cerebral y mejoraría sus habilidades sociales, incluso en niños tan pequeños de 18 meses de edad.

Con esta terapia, los cerebros sumamente moldeables de los bebés, son conducidos a potencializar su desarrollo en el aprendizaje, mejorando la percepción, habilidades de lenguaje y sociales, con el fin de limitar los efectos nocivos del autismo.

De este modo, con este estudio se otorgó una evidencia clara de que la intervención temprana puede alterar el curso del desarrollo del cerebro y del comportamiento en los niños pequeños, y que puede fomentar resultados más positivos a largo plazo.

Terapias

Existen muchos tipos de terapias para nuestros hijos con autismo, algunas tradicionales, como terapia de lenguaje, otras un poco más pomposas, como las terapias con delfines. Aunque para muchos padres que viven situaciones económicas difíciles como la nuestra, esta clase de terapias son sencillamente un sueño imposible.

Como padres, todos quisiéramos lo mejor para nuestros hijos. Llevarlos diariamente a recibir las terapias más avanzadas y los mejores tratamientos, como las sesiones en las cámaras hiperbáricas o trasplantes de células madre, que además de ser tratamientos sumamente costosos, afirman conseguir excelentes beneficios en niños con autismo.

No obstante, para la mayoría de los padres, acceder a este tipo de tratamientos es simplemente imposible.

No se angustien. Para su hijo lo que ustedes puedan hacer es suficiente. Hagan lo que esté al alcance de sus manos, de nada sirve apesadumbrarse por lo que no puedes darle a tu hijo, cuando hay tanto que sí puedes darle y que puedes hacer tú mismo.

Tú, como su padre o madre, eres el mejor terapeuta para tu hijo.

Es esta la filosofía de la que, para mí, es la mejor terapia para autismo que existe (y que actualmente fue reconocida como tal con un premio). La terapia Son-Rise.

El Programa Son-Rise

Es un mundo de alegría. Sin exigencias, sin condiciones, sólo tú y tu hijo en un cuarto libre de distractores, donde le dediques el 100% de tu tiempo y tu cariño. Es todo lo que necesitas para comenzarlo. Es un programa basado en el amor, y qué otra cosa más importante que el amor existe para sacar a nuestros hijos adelante.

La ideología del Programa Son-Rise es magnífica y positiva, su mayor intención es conseguir una unión más profunda con tu hijo, así como estimular su crecimiento y desarrollo.

El centro de este programa es conectar con otros por medio la estimulación 1:1, enfocada y constante. Es decir, una sola persona (el padre, madre, hermano, maestro, amigo, terapeuta, voluntario de buen corazón...) estará en contacto con tu hijo dentro de una habitación libre de estímulos, de modo que el pequeño con autismo no pueda distraerse con nada, y toda su atención se centre en la persona que está con él.

Básicamente, la ideología es que el niño te enseñe la manera para conectar con él, y también la manera en que él va a decidir conectar con el mundo.

El programa inicia principalmente con lo que ellos llaman *joining*; la persona que esté en el cuarto imitará todo lo que hace el niño para ganar su atención y confianza, y a medida que la relación vaya avanzando, compartirá con el pequeño juegos y estímulos, de los cuales el niño siempre será el que decida qué hacer.

Es un momento y un espacio de completa libertad para tu hijo, en un ambiente donde él se sentirá seguro y podrá desenvolverse a sus anchas. La idea de esto es que así tu hijo ganará confianza en los demás y en sí mismo, comenzará a interesarse en la interacción con otras personas y actividades acompañadas, siempre en un ambiente de alegría y festejo. Así, al ser esta habitación una zona donde tu hijo se sentirá feliz y cómodo, querrá pasar la mayor parte del tiempo allí, esperará con ansia su «terapia», y los avances que tendrá serán mayores.

El Programa Son-Rise no es un milagro, no promete cosas falsas. Los creadores de este programa admiten que cada niño es diferente, y a pesar de que muchos niños mejoran con el programa, no todos se desarrollarán igual y no todos tendrán los mismos avances. Sin embargo, algo que comparten todos los niños es la gran alegría y conexión que establecen con sus padres y las personas que se unen a este programa para realizar la terapia con ellos.

Los pequeños que llevan a cabo este tipo de terapia, son niños muy felices, niños que se saben amados y aceptados tal como son, niños que han aprendido a establecer una confianza enorme con sus padres y se sienten a gusto estando con ellos, así como con las personas que los han acompañado durante sus sesiones.

En nuestro caso, el Son-Rise ha sido una gran ayuda no sólo para Marian, sino para todos. Asistir a este curso fue una de las mejores cosas que me han sucedido en la vida. En ese lugar, por primera vez alguien me «felicitó» por tener un hijo con autismo. Es increíble lo mucho que esto puede significar, cuando antes todos aquellos que oían la palabra autismo, ensombrecían el rostro y adoptaban una expresión de lástima o desconcierto.

Algo que me fascinó de este programa, es que el autismo es algo positivo, un reto, pero uno que puede estar lleno de alegría si así lo decidimos.

En un ambiente cargado de energía y optimismo, te enseñan a conectarte con tu hijo, a amarlo de forma incondicional como hicieron los padres que crearon este programa. Te hacen ver a tu hijo como una bendición, un honor.

En este programa aprendes a unirte a tu hijo y a crecer con él, crear un lazo de aceptación y amor incondicionales, haya progresos o no.

Ésta fue una de las mejores experiencias de vida que he tenido y la recomiendo ampliamente. No por nada es uno de los mejores programas para autismo que existen.

Los fundadores de este programa y sus colaboradores tienen su institución en Estados Unidos, pero continuamente imparten charlas en todo el mundo. También se puede conseguir información de la terapia a través de su institución, libros y videos gratuitos en internet. Muchos padres han realizado esta terapia con la información base que han podido conseguir.

La terapia ABA

La terapia basada en el análisis conductual aplicado (ABA) hace uso de técnicas y principios conductuales para lograr un cambio significativo y positivo en el comportamiento.

El objetivo principal de ABA es enseñar nuevas habilidades a las personas con autismo, promover la generalización de estas habilidades y reducir los comportamientos no deseados. Y conseguir todo esto mediante un refuerzo sistemático.

El principio más importante de la terapia ABA es el refuerzo positivo para modificar el comportamiento. Esto se consigue premiando los comportamientos positivos que tenga nuestro hijo, con base en la teoría de que si un comportamiento va seguido por algún tipo de recompensa, es más probable que se repita.

También el propósito de esto es hacer el aprendizaje agradable para el niño.

Este programa tiene muchos beneficios, eso es claro, y por ello es elegido por muchos terapeutas para tratar a los niños con autismo. Es definido y claro. Sin embargo, desde mi punto de vista, tiene algunos defectos, como el hecho de que uno de sus objetivos es la extinción de los comportamientos *desadaptativos* y enseñar comportamientos adecuados.No obstante, hay otros puntos favorables del ABA. Como el intentar facilitar la integración en la educación normal y maximizar la independencia en todos los ámbitos de desarrollo.

La terapia TEACCH

El Tratamiento y Educación de Niños con Autismo y Problemas de Comunicación Relacionados (TEACCH, por sus siglas en inglés) trata de la enseñanza estructurada y se basa en las cualidades que poseen las personas con autismo, de manera que se saque provecho de las fortalezas y su amplia capacidad de procesar información visual.

En este tipo de terapia es importante la evaluación individual para llevar a cabo una estructuración personalizada para el aprendizaje de cada niño.

En el plan de estudios que se le organizará a la persona con autismo, existirá una alta organización de actividades, con el fin de que el niño o la persona, se adapte a una rutina y pueda predecir las actividades diarias que ha de realizar con mayor facilidad, evitando así situaciones de estrés.

En estos casos, se usa el apoyo de imágenes para hacer la secuencia de las actividades diarias, así como las tareas individuales, predecibles y comprensibles. Como las personas con autismo son muy visuales, las imágenes les ayudan a comprender mejor el mensaje de lo que van a hacer ese día, la rutina, su tarea, etcétera.

Este programa se aplica en la escuela y también en casa.

Terapia de habla y lenguaje

El objetivo de la Terapia de Lenguaje es establecer o restablecer la comunicación lingüística no desarrollada, alterada o interrumpida en una persona.

El terapeuta especializado tiene el objetivo de averiguar qué clase de problema de lenguaje tiene la persona, qué lo ocasiona y decidir la mejor forma de tratarlo. Este tipo de terapia está diseñada para ayudar a nuestro hijo a comprender la mecánica del habla con el significado y el valor social del lenguaje.

Esta terapia se puede impartir de uno a uno o en grupo. También se puede pedir colaboración en casa de los padres.

Los principales problemas que se tratarán en la terapia de lenguaje son:

- Problemas de articulación: el niño no habla claramente.
- Problemas de fluidez: es cuando el niño no habla fluido o tartamudea.
- Resonancia o problemas de la voz: es cuando la persona presenta dificultad para regular el tono o el volumen de su voz al hablar.
- Problemas con la alimentación oral: dificultad con el comer, tragar y babear.
- Problemas del lenguaje receptivo: cuando al niño se le hace difícil entender el lenguaje.
- Problemas del lenguaje expresivo: cuando el niño presenta problemas para expresarse hablando.
- Problemas del lenguaje pragmático: cuando la persona presenta dificultad de utilizar modos socialmente apropiados.

Debido a que los niños con autismo son tan diferentes, algunos hablarán hasta por los codos y otros no lo harán jamás.

En estos casos es importante buscar otro modo de comunicación para nuestro hijo, de modo que consiga aprender a expresarse y comprender lo que se le dice.

En mi familia, esto es lo que ocurre con nuestra hija.

Sistema PECS

El Sistema de Comunicación por Intercambio de Imágenes (PECS, por sus siglas en inglés) utiliza las imágenes como medio de comunicación (pictogramas).

Para los niños con autismo no verbal, el sistema es un medio alternativo para conseguir comunicarse. O bien, para aumentar la comunicación que posee en el caso de que el niño tenga poca capacidad verbal.

Este sistema va por pasos. Se comienza enseñando a una persona con autismo a reconocer en la imagen a la cosa, lugar, acción, etcétera, de modo que el niño se crea un vocabulario a base de las imágenes, y poco a poco se va avanzando hasta que la persona es capaz de formar una oración completa por medio de imágenes, es capaz de hacer preguntas, expresar sus deseos, sentimientos y comentarios.

Es importante el refuerzo verbal al utilizar este sistema, para continuar incitando la comunicación verbal en la persona con autismo.

Los pictogramas son figuras o dibujos representativos de una cosa, acción, lugar, etcétera. Una cualidad importante de ellos, es que la figura ilustrada debe ser enteramente comprensible con sólo tres miradas.

Al verla, la persona debe comprender qué es o qué actividad muestra la ilustración, por ejemplo: beber agua, ir a la escuela o una acción simple como estar enfadado o feliz.

El uso de estos pictogramas ayudará como una herramienta base de comunicación para una persona no verbal con autismo. Será fundamental para ayudarle a organizar su rutina diaria por medio de agendas visuales, así como ofrecerle al niño una imagen clara de las situaciones que se le presentarán, los lugares que visitará fuera o dentro de casa, las acciones que realizará.

En la actualidad hay multitud de pictogramas disponibles, muchos se ofrecen de forma gratuita en internet. También hay opciones de pictogramas para computadoras y *tablets* para facilitar su uso, así como cuentos con pictogramas, blogs con ideas de cómo utilizarlos en casa o en el aula, y gran diversidad de presentaciones de éstos para ayudar a nuestro hijo a conseguir comunicarse por medio de ellos.

Lenguaje de señas para niños con autismo

Algunos estudios defienden el uso de lenguaje de señas para niños con autismo no verbales como un medio para facilitar e incrementar su comunicación, consiguiendo a su vez transmitir sus deseos y necesidades como una alternativa al habla.

Además, se dice que este tipo de comunicación consigue varias ventajas en el niño, como promover el contacto visual o mejorar la autoconfianza; en algunos casos facilita el aprendizaje del lenguaje oral, mejora el comportamiento general de los niños y favorece el autocontrol. Esto debido a que los niños consiguen transmitir lo que desean, y por lo mismo, disminuye la frustración clásica que ocurre como consecuencia de no poder expresar sus necesidades o deseos.

Terapia ocupacional

La terapia ocupacional es el conjunto de técnicas, métodos y actos que, a través de actividades aplicadas, buscan conseguir la mayor independencia de una persona, así como el más alto nivel de funcionalidad que pueda alcanzar, tomando en cuenta la dificultad física o cognitiva que ésta posea.

Este tipo de terapias son excelentes para los niños que tienen problemas para realizar solos tareas cotidianas como vestirse, lavarse los dientes, ir al baño…, así como para las personas que necesiten mejorar las habilidades sociales, visuales perceptuales y destrezas motoras finas, entre otras.

La terapia ocupacional es impartida por terapeutas ocupacionales acreditados. Estos terapeutas poseen muchas técnicas para ayudar a los niños, tomando en cuenta para este propósito las habilidades cognitivas y destrezas físico-motoras que la persona con autismo necesite mejorar.

El propósito de esta terapia es permitir al niño con autismo llegar a ser independiente y tener una participación más plena en la vida. Para un niño con autismo, el enfoque radicaría principalmente en ayudarlo a desarrollar habilidades apropiadas para el juego, el aprendizaje y la vida diaria.

Esta terapia siempre estará determinada por las necesidades del niño. El terapeuta a cargo de tu hijo, tomando en cuenta las dificultades de desarrollo que posea, trabajará para descubrir y aprovechar al máximo el potencial individual del niño, y lo hará a través de actividades y juegos.

En principio, el terapeuta evaluará el desarrollo del niño tomando en cuenta los factores psicológicos, sociales y ambientales. Y una vez hecho esto, preparará las debidas estrategias para conseguir enseñar a tu hijo a aprender tareas claves, como las que deba practicar en el hogar, la escuela y otros entornos.

Terapia de integración sensorial

La integración sensorial es la organización que lleva a cabo nuestro cerebro de toda la información que recibe gracias a nuestros distintos sentidos (vista, olfato, gusto, tacto...).

Nuestros sentidos nos proveen de información sobre el medioambiente que nos rodea. El cerebro la integra, y así obtenemos una clara percepción del mundo que nos rodea, podemos entenderlo y también responder adecuadamente a los estímulos del ambiente.

Como ya lo hemos visto, los niños con autismo pueden tener problemas para procesar la información que reciben a través de los sentidos.

Muchos de los niños con autismo mostrarán tener hipersensibilidad o hiposensibilidad.

Un niño con hipersensibilidad será aquel que se altere con facilidad en presencia de un estímulo, por lo que intentará huir de él.

Un niño con hiposensibilidad es aquel que no reaccionará ante los estímulos, y al contrario del caso anterior, intentará conseguir ese estímulo.

Esta reacción al mismo estímulo puede variar en el niño con el tiempo, o de un día para otro. Un día nuestro hijo puede reaccionar con extrema ansiedad a un sonido o a una textura, y al día siguiente quizá no demuestre ninguna reacción al mismo estímulo.

Los problemas sensoriales que los niños con autismo suelen presentar, son:

· Percepción fragmentada: la información se procesa en trozos, como escuchar sólo unas cuantas palabras de una oración completa, o ver una sola parte de un todo, como un brazo o una mano, de un cuerpo completo.

· Problemas de Percepción: como doble visión, visión distorsionada, dificultad para percibir la profundidad y la posición espacial.

· Agudeza extrema de sentidos: el niño podrá ver en un grado mucho mayor que una persona ordinaria o se fijará en detalles de cosas que pasarán desapercibidas para otros, puede oír frecuencias de sonido inaudibles para la mayoría de la gente común, oler aromas imperceptibles, o incluso sentir ondas electromagnéticas.

· Mono procesamiento: esto es que el niño va a poder procesar solamente la información en un sentido a la vez.

Debido a que el niño con autismo no puede integrar las diversas sensaciones que le llegan del ambiente, esta terapia le servirá para ayudarle a integrar en una unión toda la información que recibe de forma separada o fragmentada, o bien aumentada o disminuida.

Los estudios refieren que el cerebro de una persona neurotípica procesa la mayor parte de la información que recibe del ambiente dentro del sistema nervioso de manera inconsciente. Por el contrario, una persona con autismo procesará esta información de forma consciente. Esto provocará que él necesite de una gran cantidad de energía cognitiva, provocando que su sistema nervioso se sobrecargue. Este desequilibrio ocasionará que la persona tenga dificultades para adaptarse a las demandas del medioambiente.

Lo primero que hará el terapeuta será identificar las alteraciones que tenga nuestro hijo en la manera que procesan sus sentidos los estímulos. Es decir, cómo reacciona el niño, tomando atención a cada sentido de manera individual, y de allí ayudarlo a procesar la información que reciba.

Un terapeuta ocupacional utiliza varias escalas y evaluaciones, adaptándose a las necesidades de cada niño, para decidir las mejores actividades con que va a estimular o calmar el sistema nervioso de nuestro hijo.

Algunos ejemplos de estas actividades son los masajes de presión profunda, para tranquilizar al niño. Actividades como hacer cosquillas, bailar, jugar en agua, frotar suavemente con un cepillo de cerdas suaves por los brazos y las piernas o jugar con plastilina, son ejemplos de lo que hacen para estimular los sentidos de nuestros hijos. Así como brincar, rodar, mecerse en columpios, son actividades que sirven para trabajar el sistema vestibular.

Las actividades las debe decidir el terapeuta de acuerdo a los resultados de la evaluación que haya hecho a nuestro hijo. La terapia de integración sensorial a veces se usa sola, pero por lo regular es parte de la terapia ocupacional.

Los beneficios de esta terapia serán grandes para nuestros hijos. Ayudará a la transición entre actividades, a calmarlos, a reforzar las conductas deseadas, entre muchos otros beneficios.

Terapia física

Los niños con autismo suelen tener dificultades con las destrezas motoras. Para algunos de ellos no es tan fácil hacer cosas como sentarse, caminar, correr, saltar, andar en bicicleta…

La terapia física se centrará en ayudar al niño a mejorar los problemas que tenga de movimiento y que le ocasionen limitaciones funcionales. También puede ayudar a fortalecer el tono muscular, el equilibrio y la coordinación. En ocasiones, la terapia física puede ser provechosa en algunos niños que también sufren de hipotonía (bajo tono del músculo) u otros daños físicos.

También la terapia física es benéfica para los niños para mejorar el comportamiento, ya que el ejercicio reduce los estereotipos.

Para comenzar con esta terapia, el terapeuta físico evaluará a tu hijo para conocer qué dificultades tiene, y a partir de ahí diseñará un plan de actividades para fortalecer las áreas en que tenga problemas. En este tipo de terapia, el terapeuta podrá incluir movimiento asistido, varias formas de ejercicio y equipo ortopédico.

Otras terapias

Existen otras terapias para niños con autismo, como la Intervención para el Desarrollo de las Relaciones (RDI, por sus siglas en inglés), Floortime o Entrenamiento en respuestas centrales (PRT, por sus siglas en inglés), etcétera. Debemos recordar como padres que existen muchas alternativas para ayudar a nuestros hijos, algunas opciones estarán disponibles en nuestro país, de otras deberemos buscar información afuera de nuestras fronteras. Habrá algunas terapias que todavía no son muy conocidas y de las que tendremos que investigar más, y algunas que recién están comenzando a desarrollarse y de las que dispondremos en un futuro.

Dependerá de cada uno elegir la o las mejores opciones para su hijo.

Es importante informarse y mantenerse al tanto de las novedades que vayan surgiendo. Les aconsejo que pidan información a su escuela, terapeuta o médico; únanse a grupos de padres, es más que seguro que podrán ayudarles orientándolos con terapias que hayan tenido buenos resultados para sus hijos. En mi experiencia personal, es tan importante el terapeuta como la terapia que elijan seguir. Por lo que también les recomiendo observar cómo es la persona que llevará a cabo la terapia de tu hijo, debe existir una conexión entre tu hijo y él, debes notar que tu hijo esté a gusto con esa persona, que se sienta feliz y en confianza.

Seguramente en la escuela a la que asista su hijo llevarán a cabo un programa de terapias específicos, que les pedirán que como padres apoyen y continúen en casa. Ustedes pueden pedir ayuda a los maestros, psicólogos y terapeutas para informarse más respecto de estas actividades. Les recomiendo acercarse a ellos, son las personas que trabajan con sus hijos y podrán informarles adecuadamente y darles recomendaciones excelentes que seguir, además de información extra que pudiesen necesitar.

También ustedes pueden buscar alternativas externas para apoyar a su hijo en su desarrollo. Recuerden, mientras más estímulos tenga su hijo, será mejor para él. En este caso, creo que es importante estar en acuerdo con las maestras y terapeutas, en ocasiones hay terapias que se contraponen a la teoría básica de otras. De llegar a ocurrir esto, seguramente les recomendarán opciones que puedan elegir.

De ustedes como papás dependerá elegir el mejor tratamiento para su hijo y la opinión que guarden sobre un tratamiento u otro.

Deben hacer su propia senda, tomar sus propias decisiones y adoptar sus propias impresiones.

Como he mencionado antes, todavía hay mucho que entender del autismo, todavía hay demasiadas cosas que no han sido explicadas ni comprendidas de este espectro tan amplio. Cada día surgen nuevos estudios y teorías, así como novedosos métodos para tratar el autismo.

Existen muchos tratamientos; para la mayoría de las familias que debemos enfrentarnos al autismo con nuestros propios medios económicos, resulta abrumador elegir un camino. Como papás quisiéramos darle todo lo mejor a nuestro hijo para ayudarle a mejorar. Sin embargo, en la mayoría de los casos sólo tenemos el presupuesto para un determinado número de terapias o ayuda.

No se desesperen. Muchos papás pasamos por esto. Una vez más, les recuerdo, escuchen su voz interior.

Gracias a la nueva era tecnológica, existe mucha ayuda gratuita en internet, artículos y grupos que están dispuestos a guiarte y ayudarte sin cobrarte un centavo. Puedes informarte sobre terapias, muchas de ellas lo que requieren es tiempo y dedicación, no tienes que pagar, puedes realizarlas tú mismo. Aprovecha al máximo el tiempo que tu hijo tenga de terapia o en el colegio, pide ayuda a los terapeutas y maestros, que te enseñen a realizar las mismas terapias con tu hijo en casa. De ser posible pídele ayuda a un tío o hermano para que también realice las terapias con tu hijo en casa, mientras más personas (de confianza), mejor.

Pidan consejos a otros padres de niños con autismo. Ellos seguramente habrán pasado por varios terapeutas, y podrán darles consejos muy valiosos. Sin duda estos padres han sido para nosotros una guía muy importante.

Y por último, les aconsejo tener las antenas muy en alto, alertas para reconocer la ayuda verdadera y distinguirla de la de los farsantes. Como en todo, existen muchos estafadores que intentarán aprovecharse de su intención de ayudar a su hijo a mejorar, y podrán ofrecerles tratamientos falsos o incluso peligrosos. Me he enterado de muchos casos en que esto ha sucedido, incluso exámenes de laboratorio falsificados (en el autismo éste es un requisito constante, y son por lo general muy caros, pues algunos deben ser realizados en laboratorios en el extranjero), de modo que la persona supuestamente encargada de realizarlos se embolsó el coste de los exámenes y se limitó a copiar el resultado de otro niño.

Así pues, manténganse siempre en alerta. Su médico podrá guiarlos sobre la mejor manera de seguir un tratamiento médico; los maestros y terapeutas sobre las terapias para ayudar a sus hijos. Y los padres de otros niños serán una fuente constante de información sobre todo esto unido, pues como ustedes, se están enfrentando a la misma senda, desde su mismo punto de vista.

Gracias a mamás guerreras que he conocido en estos grupos de autismo, he conseguido contactar con buenos médicos, honrados y que saben lo que hacen al tratar el tema del autismo, con buenos terapeutas y colegios; me he salvado de contactar con estafadores y realizar exámenes que me habrían costado un ojo de la cara, y habría sido dinero tirado a la basura.

Los padres son una importante guía en estos casos, por lo general han vivido más experiencias y pueden ayudarte a elegir los mejores tratamientos que podrías seguir para tu hijo. Te recomiendo tomar nota de lo que te digan, y unirlo a la información que obtengas de los médicos, maestros, psicólogos y terapeutas, y entonces decidir por ti mismo el mejor camino que tomar para tu hijo.

Dieta GFCFSF

LA DIETA GFCFSF (GLUTEN FREE, CASEIN FREE, SOY FREE), es decir: dieta libre de gluten, caseína y soya, no es para bajar de peso, como algunos piensan, es una dieta saludable recomendada para las personas con autismo, en la que se quitará de las comidas de nuestro hijo (y familia, si lo desean acompañar en esta nueva alimentación), todo aquello que contenga elementos que puedan ser negativos para su organismo.

Como comenté al hablar sobre el intestino permeable en los niños con autismo, una cosa que es bien sabida ya, es que de algún modo muchos de los problemas del autismo están conectados con el aparato digestivo.

Hemos visto a varios médicos al respecto que nos han dado la misma explicación, en pocas palabras los niños con autismo tienen un intestino permeable y también una deficiencia de enzimas para digerir las proteínas de ciertos alimentos, como el gluten y la caseína.

La mayoría de las personas, a diferencia de ellos, poseen un intestino impermeable. Esto quiere decir que todo lo que comes y pasa por tus intestinos se queda dentro de tus intestinos, desintegrándose en moléculas diminutas que luego saldrán en un momento oportuno hacia la sangre, y las células de tu cuerpo las recibirán para formar con ellas la energía necesaria para vivir.

En los intestinos de los niños con autismo esto no ocurre del mismo modo. Las personas con autismo, debido a los problemas físicos que conlleva este trastorno, poseen un intestino permeable. Esto quiere decir que las moléculas atraviesan sus membranas antes de lo debido y siendo todavía muy grandes, así como también otras toxinas que acompañan a los alimentos se quedarían en el intestino hasta ser eliminadas del cuerpo con los deshechos.

Estas moléculas ocasionan muchas complicaciones en el organismo de nuestros hijos al pasar directamente a la sangre, donde fluyen por todo el cuerpo y suben al cerebro, ocasionando varios de los problemas neuroconductuales que conocemos dentro de este trastorno.

Por otro lado está el problema de las enzimas. Esto se debe a que la labor de las enzimas sería la de metabolizar proteínas de gluten y caseína, pero al no tenerlas en el intestino, los niños no digieren apropiadamente los alimentos, lo que provocará que más moléculas salgan. Al eliminar los alimentos que contienen gluten, caseína y soya, además de otros químicos, de la dieta de un niño, los síntomas de autismo se pueden reducir enormemente.

En las personas con autismo, lo que ocurre cuando comen algo que contenga estas proteínas, es que no sólo no pueden digerirlas bien, sino que las convierten en péptidos opiáceos. Es decir, en una droga similar a la morfina.

Una doctora me explicaba que cada vez que mi hija comía un trozo de pan, le estaba dando una dosis de morfina. La estaba drogando. Es por ello que nuestros hijos lucen como si estuvieran confundidos, con la mente nublada o dispersa. Están drogados.

Y eso no es todo. Como cualquier otra droga, produce adicción en el organismo.

Seguramente han notado que nuestros hijos tienen una especial preferencia por la comida rica en gluten y caseína; adoran todo los pancitos, tallarines, quesos, yogurts...

En el caso de mi hija, ella sólo aceptaba comer esta clase de alimentos. Y cuando los médicos me explicaron la razón científica de esto, me quedé pasmada. Mi hija era literalmente adicta a esta clase de comidas.

Para tener una idea más clara de esta dieta, explicaré detalladamente los elementos que deben ser reemplazados o sustituidos de las comidas de nuestro hijo:

Gluten

Es un conjunto de proteínas contenidas exclusivamente en el trigo, la cebada, el centeno y la avena, o cualquiera de sus variedades e híbridos. Está compuesto de gliadina y glutenina. Esta proteína es la responsable de la elasticidad de la masa de harina, y que junto con la fermentación permite que el pan obtenga volumen.

El gluten no es una proteína indispensable para el ser humano y puede ser sustituido sin ningún problema por otras proteínas animales o vegetales cuando es preciso realizar una dieta libre de gluten.

El gluten tarda meses en salir del cuerpo, sin embargo, con paciencia y manteniendo una dieta libre de él, es posible eliminarlo del cuerpo.

Para eliminar el gluten de la dieta, debemos quitar todos aquellos alimentos que tienen en sus ingredientes este tipo de harinas. Es decir, que nada de pan, pastas y galletas, etcétera. Hay en el mercado muchos alimentos que contienen gluten escondido en su elaboración, les aconsejo prestar atención a las etiquetas.

Caseína

Es una proteína que se encuentra en la leche y en todos los productos derivados de ella.

La leche de la especie humana no sólo contiene menor proporción de proteínas, sino que además, contiene menos cantidad de caseínas que las restantes especies.

Para llevar a cabo una dieta libre de caseína, debemos quitar la leche de la dieta de nuestro hijo, al igual que todos sus derivados, como el yogurt, el queso y la mantequilla, etcétera.

Soya (o soja)

Es una leguminosa con un alto contenido de proteína. El grano de soja y sus subproductos (aceite y harina de soja, principalmente) se utilizan en la alimentación humana.

El problema que las personas con autismo tienen con la soya, es que no van a poder metabolizarlo correctamente. Es por ello que deberemos quitar de la dieta de nuestros hijos todo aquello que contenga soya. En sí la soya no contiene gluten, pero dentro del cuerpo produce los mismos efectos que el gluten.

Azúcar

Es la sacarosa que se encuentra en todas las plantas. Tiene sabor dulce, y está formada por una molécula de glucosa y una de fructosa, y la que solemos consumir se obtiene principalmente de la caña de azúcar o de la remolacha.

El azúcar es una fuente de calorías vacías, no nutre, no tiene vitaminas ni minerales. Sin embargo, algunos alimentos industrializados pueden contener hasta 80% azúcar.

El principal problema con el azúcar en el organismo de nuestros hijos, radica en la candida. Esto es debido a que la candida, un hongo-levadura, que todos los seres humanos tenemos en el cuerpo, se alimenta principalmente de azúcar y carbohidratos, por lo que una dieta rica en estos alimentos, podría provocar que la candida se salga de control.

Por lo general, la candida se mantiene en equilibrio en nuestros organismos gracias al sistema inmunológico y la flora intestinal. Ellos se encargan de tenerla a raya, sin embargo en ocasiones este equilibrio se rompe, y es cuando la candida aprovecha para proliferar en nuestro cuerpo, ocasionando problemas serios.

La causa más común para que la candida se salga de control, es cuando un antibiótico mata a las bacterias benignas que se alojan en nuestro intestino y que evitan que este hongo se dispare. Cuando estos organismos microbianos desaparecen o reducen su número drásticamente, la candida se multiplica.

La mejor manera de mantener a raya a la candida es no alimentándola, quitando de la dieta los alimentos que la ayuden a proliferar en el organismo, estarás ayudando a tu hijo a mantenerse sano.

Es también importante recuperar la flora intestinal. Debes consultar a tu médico sobre este tema, él te guiará sobre la mejor manera para eliminar la cándida y seguramente te recomendará probióticos para reparar la flora intestinal dañada.

A los niños les gustan los alimentos dulces, hay varias opciones con las que puedes reemplazar el azúcar, y muchas de ellas no sólo beneficiarán la salud intestinal de tu hijo, sino también la dental, ya que sin azúcar las caries prácticamente desaparecen.

Podemos reemplazar el azúcar por otros alimentos dulces, como edulcorantes naturales (Stevia, por ejemplo), xilitol o miel de agave. Su médico los guiará y les hará recomendaciones, quizá les envíe a hacer exámenes para conocer el caso de su hijo, ya que muchos niños con autismo tienen alergias a ciertos alimentos.

Colorantes artificiales

Son químicos derivados del petróleo y de sustancias que no son benéficas para la salud.

Los colorantes alimenticios son químicos utilizados por las procesadoras industriales de alimentos como un medio para incrementar el atractivo de las comidas.

Al no tener una base natural, muchos de estos colorantes artificiales podrían ser tóxicos y provocar enfermedades como alergias, por esta razón, ciertos colorantes alimenticios están prohibidos en algunos países.

Al tener un intestino permeable, estos químicos pasan directamente a la sangre, produciendo mayor daño en las personas con autismo de lo que de por sí ya ocasionan en cualquier otra persona.

Se sabe que algunos colorantes como los Blue 1 y Blue 2, utilizados en los caramelos y los helados, son capaces de provocar cáncer y esterilidad masculina en altas dosis de consumo. El colorante Rojo 40 es responsable de irritabilidad y de hiperactividad en niños. El Amarillo 5 puede causar reacciones alérgicas, crisis de asma, migrañas, problemas de visión, desarreglos en el comportamiento y ansiedad. Esto no evita que sea bastante usado en los cereales, mermeladas y fideos instantáneos. El colorante Amarillo 6 podría provocar tumores en los riñones y en las glándulas suprarrenales, y sin embargo lo encontramos regularmente en las salchichas, gelatina y productos de repostería. Se sabe también que algunos colorantes sintéticos disminuyen la función del sistema inmune, alterando la capacidad del organismo para combatir infecciones.

Conservantes artificiales

Son sustancias utilizadas por la industria alimenticia para conservar los alimentos ante la acción de los microorganismos, con el fin de impedir su deterioro por un tiempo determinado.

Dependiendo del tipo de sustancia, el tiempo de exposición y la cantidad utilizada, estos conservantes pueden provocar cáncer, malformaciones en fetos, daños al corazón, pueden causar dificultad respiratoria o agravar los síntomas, producir disturbios metabólicos, entre otros efectos negativos. También se conoce que en niños estas sustancias podrían provocar problemas de concentración e hiperactividad.

Para evitar consumir esta clase de conservantes, es recomendable comprar productos que no contengan aditivos y que se hayan conservado de forma natural o por medios que no alteren la química de los mismos, como congelados y alimentos pasteurizados.

También es recomendable tener en nuestra alimentación más productos frescos y menos elaborados.

Otros químicos y aditivos alimenticios

Son sustancias que se añaden en la elaboración de los alimentos junto a los colorantes y conservadores, y por lo tanto, se vuelven parte del producto alimenticio.

Los aditivos alimentarios cumplen varias funciones, como dar textura, estabilizar y evitar que el producto se separe, mejorar el valor nutricional del producto (cuando son vitaminas y minerales) y conservar este valor, controlar el equilibrio ácido básico de los alimentos y mejorar o dar sabor al producto.

Algunos ejemplos de estas sustancias, que podrán encontrar en las etiquetas de los productos elaborados, son edulcorantes artificiales, como aspartamo, sacarina y ciclamato sódico, ácido benzoico (jugos de fruta), glutamato monosódico (GMS), nitritos y nitratos en derivados de la carne, etcétera.

Los efectos secundarios de estos aditivos son tan graves como los anteriores. Incluyen el cáncer, asma y reacciones alérgicas.

Al combinarse estas sustancias con los jugos y las enzimas estomacales durante la digestión, estos elementos se transforman en sustancias tóxicas, y se pueden convertir en agentes que causan el cáncer.

Es importante, no sólo por nuestros hijos, sino por la salud de toda la familia, evitar alimentos que contengan colorantes, aditivos y conservantes artificiales. Asimismo, debemos leer con atención las etiquetas al momento de comprar productos alimenticios, para estar bien informados sobre lo que contienen y lo que le estamos dando a nuestra familia.

Químicos y pesticidas dañinos

Los pesticidas o plaguicidas son compuestos químicos que se añaden a los cultivos para protegerlos de las plagas y enfermedades que podrían dañarlos. Como su objetivo es evitar que insectos, roedores, malas hierbas, hongos, parásitos y bacterias se acerquen a los cultivos, estos químicos suelen ser bastante potentes.

Los pesticidas o plaguicidas pueden ser muy dañinos para nuestro organismo, y son aún peores para una persona con intestino permeable, debido a que estos químicos pasarán directamente a la sangre y al cerebro.

En muchos casos, los pesticidas prácticamente no se pueden lavar de la fruta y la verdura, y debido a que muchos se encuentran en el agua con la que son regadas las plantas, llegan a formar parte de la misma.

Sería excelente llevar una dieta orgánica, pero esto no siempre es posible al 100% por el alto precio que suelen costar estos alimentos, además de que son difíciles de conseguir.

En caso de no poder llevar a tu mesa alimentos orgánicos, es recomendable seguir algunas normas para mantener tu comida lo más saludable posible. Debido a que los pesticidas se acumulan principalmente en el exterior de las frutas y verduras, si sigues estas recomendaciones, podrás eliminar una buena cantidad de los residuos de pesticidas de ellas.

Para comenzar, lavar y desinfectar las frutas y verduras. Es recomendable lavarlas con sustancias naturales, para quitarles la mayor cantidad posible de químicos. En el caso de las verduras, es recomendable desechar las hojas externas, ya que en ellas es donde se quedan la mayor parte de los químicos de los pesticidas.

Las verduras, luego de ser lavadas, si han de consumirse cocinadas, lo mejor sería no beber el caldo, ya que allí se quedarán los químicos. Por lo general cualquier nutriólogo recomendaría lo contrario, ya que allí estarán las vitaminas, pero en estos tiempos las cosas son así…

La cocción es también un buen método para eliminar pesticidas. Las verduras que están más expuestas a los pesticidas intenta prepararlas cocidas.

En cuanto a las frutas y verduras que se comen crudas, se recomienda lavarlas frotándolas o cepillándolas con agua corriente, caliente y jabonosa durante al menos un minuto. Y de ser posible, pelarlas, ya que esto reducirá los residuos de pesticidas.

Se recomienda consumir una mayor cantidad de frutas y vegetales que, por sus propiedades, no son tan afectados por los pesticidas, a pesar de no ser orgánicos. Esto es porque al tener una cáscara o cubierta más gruesa, el interior de la fruta no se ha contaminado, o sólo un poco. Algunos ejemplos son las cebollas, los aguacates, el elote dulce, las piñas, mangos, chícharos, espárragos, el kiwi, la berenjena, el melón, la sandía o la toronja.

Por otro lado, podrías animarte a cultivar un huerto orgánico en tu jardín o algunos vegetales y frutos en macetas en tu patio, ventana o donde quieras.

Algunos padres han comenzado a cultivar sus propios vegetales orgánicos en casa. Se ofrecen muchas ideas de esto en blogs y páginas de internet. Son sanos, ocupan poco espacio, lucen bien y además ahorrarás dinero a la larga.

Si empleas plantas que actúan como repelentes naturales de insectos y plagas, evitarás el uso de químicos e insecticidas. Podrás crear composta con los desechos que salgan de tu cocina, para utilizarla como fertilizante natural. Y eso no es todo, si la conviertes en un proyecto entretenido del que formen parte tus hijos, se convertirá en un huerto familiar que todos compartirán y que, además de educativo, servirá de provecho para la alimentación y la salud de tus seres queridos.

Levadura

Las levaduras son hongos que utilizamos para la preparación de algunos alimentos, como el pan y la cerveza.

La levadura que se usa para la preparación del pan está hecha de hongos. Puede ser fresca o seca. La levadura fresca son millones de estos hongos prensados entre sí. La levadura seca son levaduras deshidratadas y agrupadas en gránulos latentes, de modo que cuando se hace el pan, trillones de células de estos hongos entran en actividad, transformando los ingredientes.

Al ser la levadura un alimento para la candida, está fuera de la dieta. Así como otros alimentos que contengan

levaduras, como panes dulces, pastas y comidas preparadas comercialmente.

Mariscos

Estos productos del mar suelen alimentarse de los desechos del océano y suelen estar contaminados, pueden
tener parásitos y una carga alta de mercurio.

La mayoría de las personas con autismo tienen problema de metales pesados en la sangre, por lo que estos alimentos no beneficiarán a nuestro hijo.

Seguramente, después de leer la cantidad de alimentos prohibidos en la dieta, estarás pensando: «¿Y qué demonios piensas que va a comer mi hijo? ¿Cartón?».

Fue exactamente lo que yo pensé.

Al principio me negué a llevar a cabo una dieta tan ri-
gurosa, en especial porque tenía miedo. Mi hija sólo comía
pastas, quesos, yogurts y cereales con leche, no aceptaba
nada más. ¿Qué iba a comer si le quitaba lo único que ella
comía? ¡Iba a morirse de hambre! Todos me reclamarían
por ser una mala madre que permite que su hija pase hambre, por seguir una nueva idea (en ese tiempo lo era) que
«quizá» (las comillas fueron muy usadas en conversacio-
nes) ayudaría a mi hija.

Bien, pues puedo asegurarles que su hijo no morirá de
hambre y que la dieta sí sirve, y mucho, para mejorar su
salud. Y en caso de que decidan llevarla en familia, será
la salud de toda su familia la que mejore.

Para comenzar, recuerda que en el cuerpo de nuestros
hijos, las moléculas de gluten y caseína se convierten en
una proteína similar a la morfina. Así que en cada boca-
do de pan o trago de leche, no sólo le estaremos dando

gluten y caseína a nuestros hijos, sino también una dosis de morfina (*caseomorfina* y *gluteomorfina*).

Y como todos sabemos, la morfina —como todos los opiáceos— nubla la mente, provocando alteraciones en la conducta y los sentidos.

Es por esto que es tan importante llevar a cabo una dieta adecuada para nuestros hijos. No te sientas mal por privarlo de ciertos alimentos, piensa que le estás evitando un daño.

Y esto siempre debe ir supervisado por un médico. Como he dicho ya, nosotros hemos visto a especialistas al respecto que nos han guiado en este camino.

En el caso de mi familia, el gluten es nuestro más grande enemigo. Mi hija tiene una especial predilección por todo lo que tenga harina de trigo. Me dolió en el alma quitárselo, pero era necesario. El gluten tarda meses en salir del organismo (alrededor de ocho meses), por lo que es importante mantenerla alejada de él.

Sin embargo, si llegasen a tener un desliz en la dieta (esto ocurre en ocasiones que salen de nuestro control, como en la escuela que llega a robarle una galletita al compañerito, o con un amiguito que quiera compartirle algo, con un abuelo condescendiente que no puede negarle a su nietecito un gustito…), existen unas enzimas que ayudarán a nuestro hijo a digerir estos alimentos sin tantos inconvenientes para su organismo.

Les recomiendo consultar a su médico al respecto. Pero no se usan todos los días, sólo deben ser administradas en caso de «emergencia», cuando ocurran este tipo de incidentes.

En las ocasiones que ella ha vuelto a ingerir alguno de los alimentos prohibidos por un descuido o por una visita especial de los abuelos o una salida, cumpleaños, o cualquier otro motivo, es claro el cambio en ella. Marian se pone realmente muy mal, comienza a reír o llorar sin motivo ni control, su mirada se pierde y se retrae en sí misma, o comienza a girar, uno de sus estereotipos más habituales. A veces incluso llega a orinarse.

No deben perder la paciencia si esto ocurre. Y esto ocurrirá, así que estén preparados, es imposible evitarlo. No todos comprenderán por lo que su familia está pasando, habrá gente que considerará que son malos padres, tal vez incluso crueles por no permitir a su hijo comer una galleta o tomarse un dulce, ya que ante ellos es un derecho de la niñez del que estás privando a tu hijo.

A veces estos enfrentamientos ocurrirán con su propia familia. Pero como dicen, es mejor ser feliz que tener la razón. Tal vez ellos no lo comprendan, y nunca lleguen hacerlo, por más exámenes de laboratorio hechos a tu hijo con resultados de su intolerancia a ciertos alimentos, o estudios o artículos que les pongas enfrente. Para estos casos, es cuando recomiendo utilizar las enzimas de emergencia que ayudarán a quitar o disminuir los efectos de esta comida en sus hijos, pero como mencioné, esto hay que consultarlo con su médico previamente.

Otra duda que me surgió al instante de escuchar por primera vez de esta dieta, fue de dónde iba mi hija a obtener el calcio, si le retiraba la leche y todos sus derivados de su alimentación.

En mi mente de mamá moderna, era de allí de donde se obtenía el calcio, era lo que me habían enseñado.

La verdad es que no es así. Naturalmente, nosotros no deberíamos tomar leche después de dejar de mamar, entonces ¿de dónde sacamos el calcio?

En realidad, el calcio no es un gran problema. Tenemos en la mente la idea fija de que sólo obtenemos el calcio de la leche, pero la verdad es que no es así. Nuestros hijos obtendrán el calcio de varios alimentos que son fuente de calcio natural, como los siguientes:

- *Vegetales verdes* como la col, repollo, espinaca, brócoli, los berros y el perejil, entre otros. O las algas marinas, aunque no son exactamente vegetales.
- *Leguminosas* como frijoles, habas, alubias, habichuelas.
- *Frutas secas* como higos, uvas pasas, almendras, avellanas, nueces, nueces del Brasil.
- *Leches de almendra y arroz.*
- *Semillas de sésamo*, que contienen una gran cantidad de calcio.
- *Cáscara de huevo*, una rica fuente de calcio. Lo único que se debe hacer es lavar los cascarones con agua tibia, para quitar los restos de clara y yema, pero sin eliminar la membrana interna. Posteriormente debes ponerlos a hervir, al menos 5 minutos para evitar riesgo de infección por salmonella. Luego se pone a escurrir en papel secante. Una vez seco, se muele hasta formar un polvo fino que se podrá almacenar en un frasco de vidrio bien tapado, en un lugar fresco y seco. Media cucharadita de este polvo equivale a 400 mg de calcio. Se puede consumir de diversas maneras.

Si temes que le falte calcio porque no come verduras o esta clase de alimentos, consulta a tu médico, la solución es tan sencilla como darle suplementos de calcio.

Aunque todavía existe la firme creencia de que la leche de vaca es una fuente importante de salud y bienestar en la alimentación de un niño, cada vez está más comprobado que no es realmente así.

De hecho, hace poco, los científicos de la Universidad de Harvard eliminaron la leche y los alimentos derivados de los lácteos de los complementos que forman una dieta saludable.

Se han difundido varios artículos en los que se explica que los productos lácteos aumentan en gran medida el riesgo de padecer cáncer de próstata y de ovario. Asimismo, los altos niveles de grasas saturadas que provienen de los productos derivados de la leche son dañinos para la salud, y muchas veces esto es ocasionado por la cantidad de componentes químicos con los que estos productos son elaborados.

Si quieres introducir calcio a la dieta de tu hijo, la guía de salud de Harvard recomienda sustituir los alimentos derivados de la leche por hortalizas como lechuga, coliflor, brócoli, entre otros, y granos de diversas especies, para producir el calcio necesario y de calidad.

No lo olvides, estos son consejos de una madre. Debes consultar con un médico o nutriólogo especialista en esta dieta, él será tu principal guía para este camino que comienzas al lado de tu hijo.

Otro aspecto a tomar en cuenta es la candida. Debemos mantenerla a raya, y no sólo en nuestros hijos con autismo, sino en nosotros mismos y en nuestra familia.

Gran cantidad de gente vive con problemas por culpa de la candida que ha proliferado en demasía en su organismo y sufren las consecuencias sin saberlo.

Cuando los niveles de candida se disparan en nuestro cuerpo, el hongo suelta toxinas en nuestro torrente sanguíneo, y éstas tienen un efecto devastador en el sistema nervioso y el sistema inmune, provocando varios síntomas como alergias excesivas al ambiente y ciertos alimentos, problemas vaginales, depresión, cansancio extremo, migrañas, falta de memoria y mente nublada, obesidad o pérdida de peso excesiva, un estado irritable permanente, gases e hinchazón abdominal, diarrea o estreñimiento, dolor de articulaciones, entre otros.

Quizá tengas algunos de estos síntomas. De ser así, podrías tener problemas con la candida.

Y si se fijan con detenimiento, quizá noten que su hijo tenga varios de estos síntomas. Es muy frecuente que las personas con autismo tengan periodos de estreñimiento o diarrea. A veces notamos que nuestros hijos parecen estar más dispersos que en otras ocasiones, como si tuvieran la mente nublada, y esto se debe a que en esos días los niveles de candida han subido.

La candida se alimenta de azúcares y carbohidratos, es por ello que muchas veces cuando sufrimos de un aumento de candida, sentimos el deseo de comer cosas dulces, que alimenten al hongo. Lo mismo pasa con nuestros hijos.

Es por este motivo tan importante mantener una dieta balanceada y libre de los elementos que puedan disparar la candida en nuestro organismo.

Esto deben consultarlo con su médico. Probablemente le haga algún estudio a su hijo, tal vez recete un fungicida para ayudarlos a combatir la candida, además de probióticos para reestablecer la flora intestinal. Y la dieta será un aliado de suma importancia en este paso de combate, recuerda, quitándole la comida a la candida no le permites volver a crecer.

Recuerdo que los primeros días en que Marian comenzó con la dieta, todo parecía imposible. No lo intentamos una vez, sino muchas. Siempre ocurría algo, una recaída por una visita a casa de los abuelos, o porque enfermaba y nos dolía en el alma que para colmo tuviera que pasar hambre porque no comía nada más, o porque ella encontraba las reservas escondidas de pan que supuestamente no podía comer... En fin, tuvimos muchos inicios. Sin embargo, no fue sino hasta que nos mudamos a otro estado y estuvimos completamente decididos a comenzar la dieta, y quitamos de la casa todo lo que estaba prohibido para ella, que realmente pudimos hacerla bien.

Lo más conveniente es ir poco a poco, un pasito a la vez. Los médicos recomiendan quitarle un alimento a la vez, de modo que no sea tan duro para tu hijo el verse sin todo lo que le gusta, hasta que esté completamente dentro de la dieta.

No se morirá de hambre, te lo aseguro. Al principio mi hija no comía nada, pero al segundo día ya aceptaba probar nuevas cosas, algunas que nunca antes quiso aceptar, y con el tiempo se fue acostumbrando a los sabores y texturas de los nuevos alimentos que ahora formaban sus comidas.

Antes Marian sólo comía donitas, bolitas de queso, pastas, quesadillas y refrescos. Ahora sus botanas favoritas son las pasitas y los arándanos, come una gran variedad de frutas, le encantan el tomate y los tacos. Guisados que antes no aceptaba ni probar, ahora son su alimentación diaria. Y aunque ya llevamos una gran parte del camino recorrido, seguimos día a día luchando para introducirla en nuevos alimentos.

Debí aprender a cocinar de nuevo, usando sólo cosas naturales y que estuvieran dentro de su dieta. Pero creo que lo más difícil fue intentar preparar panes y pasteles sin harina de trigo.

Lloré, grité y me frustré como pocas veces en mi vida, y ni idea de la cantidad de panes que terminaron en la basura, o en el estómago de mi pobre marido, que para que no me sintiera mal, se comía uno o dos por compasión.

Sin embargo, poco a poco he ido aprendiendo. A Marian no todo le gusta, pero ya hay cosas que le encantan, lo cual es un gran logro para una cocinera inexperta que hace lo posible por darle algún gustito a su hijita.

Otro asunto a tomar en cuenta es que en ocasiones los niños se pondrán mal, en especial al principio de la dieta. Seguramente su médico les hablará de esto, es algo similar al síndrome de abstinencia. Se están desintoxicando de los alimentos que les hacen daño, a veces se muerden, hacen berrinches, parecen más abstraídos... Depende de cada niño. No se angustien, no dura mucho.

Para estos casos a veces es recomendable ayudarlos, hay pastillas de carbón natural, bicarbonato de sodio, baños... Sin embargo, recuerden que esto debe decírselos su médico si tu hijo está pasando por esto, y él les recomendará la mejor opción.

Te recomiendo que lo hagas en familia, no sólo para mejorar la salud de todos los integrantes, sino también como un apoyo para tu hijo. Además, así se evitan tentaciones. Si no hay alimentos prohibidos en casa, tu hijo tendrá que obligarse a comer lo que debe.

Al principio será difícil introducirse a la dieta, no comer la adictiva comida chatarra será duro, y probablemente quieras lanzar tus ollas por la ventana por la desesperación de no tener idea de qué darle de comer a tu hijo y a tu familia.

Ten calma. Respira. Ve paso a paso.

Comienza poco a poco. Retira de la dieta de tu hijo algunos productos primero, quizá la leche, quizá el yogurt, el queso, y ve aumentando poco a poco. Seguramente tu médico te dará buenas ideas al respecto.

En mi caso, lo hicimos de este modo, retirando un producto cada día, cada semana, y lo hicimos en familia. Nadie podía comer nada, sólo así evitábamos que nuestra hija lectora de mentes consiguiera saber dónde escondíamos el pan o la leche para comérselos en secreto.

Fue complicado cocinar desde el principio sin ningún químico, nada de caldos de pollos artificiales o sopas preparadas, comida instantánea ni productos que contenían gluten escondido como las salchichas. Comenzar una rutina de leer cada etiqueta para saber de qué estaba hecho cada alimento, etcétera.

Fue agotador, pero al final terminamos por reconocer los productos que eran buenos y apartarnos de los prohibidos. Es cosa de costumbre.

También el cocinar desde cero toma mucho más tiempo, pero en menos de lo que te des cuenta agarrarás práctica. Y puedes apoyarte con recetas de otras mamás, de blogs o libros de cocina sin gluten y para la dieta GFCFSY.

En mi caso, suelo experimentar en la cocina y compartir recetas de mis logros con otras mamás. En los grupos de padres siempre hay padres y madres subiendo nuevas ideas a la red acerca de recetas para alimentar a nuestros hijos. También puedes buscar blogs de recetas para niños con autismo o recetas a base de harinas sin gluten, y sustituir los ingredientes por otros que estén dentro de la dieta, como la leche de vaca por leche de almendras o de arroz, la mantequilla por aceite de coco o natural, etcétera.

La idea es no rendirse, sacar tu lado creativo y cooperativo. Verás que sí es posible.

Algunos médicos recomiendan dar también suplementos. Sin embargo, recuerden que deben consultar con su médico o nutriólogo antes de introducir a su hijo a la dieta.

A nosotros nos tomó mucho tiempo, y en un principio parecía una misión imposible. Yo sólo quería llorar y mandar todo al diablo, pero no me rendí, sabía que era por el bien de mi hija. A pesar de que ella tampoco estaba nada contenta con su nueva dieta y no aceptaba comer nada. Creo que ella también consideró seriamente lanzar mis cacerolas por la ventana...

Sin embargo, perseveramos, el tiempo pasó y con paciencia y cariño, poco a poco Marian fue aceptando nuevos alimentos.

Como muchos padres de niños con autismo sabrán, nuestros hijos son muy especiales para aceptar sabores y texturas, sencillamente se niegan a probar cosas nuevas la mayoría de las veces y hacerlos cambiar de opinión sobre un alimento parece algo imposible. Sin embargo, no lo es. Y eso fue lo que descubrimos en este proceso.

Marian ahora no sólo acepta alimentos que antes de la dieta jamás hubiera probado. Ella cambió por dentro y por fuera.

Ella embarneció, las ojeras desaparecieron, su pelo se engrosó y se hizo brillante y espeso, cuando antes tenía muy poco y era opaco y frágil.

Los ataques de llanto descontrolado sin motivo son casi inexistentes ahora, y no tiene terror nocturno. Los extensos episodios de berrinches disminuyeron en gran medida.

También, mi hija ha adquirido una buena rutina para ir al baño (es muy común que los niños con autismo tengan problemas para controlar esfínteres, algunos de ellos nunca llegan hacerlo).

Antes Marian no toleraba llevar ropa encima, y ahora nos permite vestirla completamente, y no sólo eso, sino que además con ropa diferente a la de algodón blanco que antes solía aceptar (todas sus camisetas y calzoncitos debían ser iguales o no los admitía), con distintas texturas y colores, como mezclilla, lycra y hasta lana.

Rutinas que son normales para otros niños pero que eran una completa pesadilla para nosotros, como peinarse, cortarse las uñas o lavarse los dientes, se han vuelto más sencillas. También está más tranquila, no se estresa tanto en casa o al salir. Como muchos padres sabrán, al cambiar de ambiente nuestros hijos suelen estresarse. Ella también, pero con la dieta estos episodios han sido cada vez menos recurrentes.

Además, Marian acepta a nuevas personas y nos permite llevarla a nuevos lugares acompañada por más gente de la que está acostumbrada en su ambiente familiar.

Y creo que es algo muy significativo que ha adquirido una mayor conciencia de sí misma, le gusta que la elogien y ser tomada en cuenta en las reuniones familiares. Hace poco tiempo, asistimos a la boda de mi hermano y todos nos quedamos sorprendidos cuando mi hija, de la nada, salió a bailar en medio del círculo de concurridos en la pista de baile. Lo hizo por sí misma, una decisión que ella tomó de forma espontánea y que nos sacó lágrimas de alegría a todos. Fue un logro magnífico, que antes ni siquiera hubiésemos soñado.

Sin duda, la dieta es algo que no dejo de recomendar a los padres. Para nosotros ha significado un mundo de diferencia.

Todavía hay una parte de la sociedad médica que debate la eficiencia de la dieta y el hecho de que realmente tenga un efecto en los niños con autismo. No obstante, para padres, maestros y psicólogos que todos los días convivimos con niños con autismo, los cambios son más que obvios, así como los beneficios que conlleva. Además, cada vez surgen más estudios y pruebas que respaldan la eficacia de esta dieta.

Pregunten a su médico, de preferencia a un nutriólogo que esté especializado en este tema. También pueden consultar en grupos de padres y encontrarán respuestas sobre la dieta desde la experiencia.

En mi caso ha funcionado bastante bien. Y si lo toman por el lado de la salud, no pierden nada, por el contrario, están dando a su hijo un estilo de vida mucho más saludable. Recuerden que lo que le están quitando es todo aquello que le hará daño, comida chatarra sin nutrientes y con muchas grasas saturadas, químicos que no deberían estar en su cuerpo y productos que provocarán que aumente el grado de candida en su cuerpo.

Como mamá de una pequeña con autismo, se los recomiendo de todo corazón. Esta dieta nos cambió la vida. No tengo otras palabras para definirlo.

Aún nos queda un largo camino que recorrer, pero llevamos un buen tramo avanzado. Un tramo que nos ha costado bastante, pero que sinceramente ha valido la pena. Y es por eso que les recomiendo tanto que lleven a cabo esta dieta.

Ambiente saludable

Así como nos preocupa que nuestros hijos tengan una alimentación sana, libre de químicos y sustancias nocivas para su organismo, es importante que el medio en el que se encuentran también esté libre de estos químicos que podrían contaminar su cuerpo.

Para esto, es importante mantener nuestros hogares limpios y libres de bacterias y hongos que pudieran provocar enfermedades, pero a la vez usar elementos que no sean tóxicos para el cuerpo ni para el medio ambiente. Debemos recordar que gran parte de los detergentes y químicos de limpieza comerciales son tóxicos para nuestro organismo, y a la larga pueden desencadenar alergias.

Existen detergentes y limpiadores no tóxicos en el mercado, pero éstos suelen ser bastante costosos, cuando los ingredientes son bastante básicos, baratos y sencillos de encontrar en cualquier tienda.

Por lo que no deben molestarse en comprar marcas costosas, si consiguen estos elementos básicos, podrán limpiar y desinfectar su hogar de forma natural, no tóxica, y económica. Además estarán cuidando a su familia, ya que evitaremos que estén en contacto con sustancias nocivas para la salud, que provocan intoxicaciones y alergias. Además, cuidaremos también al medio ambiente, ya que esta clase de productos no contaminan el agua, por lo que no hay problema en tirarlo por los desagües.

- Bórax
- Vinagre
- Bicarbonato de sodio
- Sal
- Jabón natural
- Limón
- Alcohol etílico

Con esta clase de productos, solos o combinados, podremos crear limpiadores y detergentes caseros para nuestro hogar, que además de eficaces, no serán tóxicos para el medio ambiente y nuestra familia.

Estos productos servirán como blanqueadores, quitamanchas y desinfectantes naturales.

Bórax

También llamado borato de sodio o tetraborato de sodio, es un cristal blanco compuesto del boro, tiene textura suave y se disuelve fácilmente en agua. Los beneficios del bórax son que no causa cáncer y no se acumula en el cuerpo ni se absorbe por la piel. Tampoco es perjudicial para el medio ambiente. El bórax se puede utilizar para lavar la ropa, como limpiador de uso múltiple, mezclado con limón quita las manchas del acero inoxidable y de la porcelana, por lo que sirve muy bien para limpiar los baños, duchas, escusados, etcétera. También sirve para destapar drenajes, quitar malos olores y para matar el moho.

Debido a que el bórax es un inhibidor de moho, puede quitarlo de las paredes, ropas, colchones, sábanas, etcétera. Al hacer una pasta con él y untarla en una zona con moho, como una pared, eliminará el moho. En zonas húmedas, donde la ropa suele llenarse de moho, el bórax es un excelente aliado para quitar el moho de la ropa.

También funciona como control de plagas, pues al mezclarlo con azúcar y rociarlo por las esquinas del hogar o los sitios donde transitan las hormigas o cucarachas, actúa como insecticida. Al comerlo, los insectos mueren. Ocurre lo mismo con las pulgas, por lo que al rociarlo en sitios donde habita una mascota, como su cama, las pulgas morirán. Y lo bueno de este insecticida natural, es que no afecta a las mascotas o humanos, pues deberían ingerir una cantidad muy grande para que eso suceda.

Esta sustancia incluso afecta a roedores, por lo que al rociarlo por los sitios donde deambulan, se quedará en sus patas y lo más probable es que no vuelvan a pasar por allí.

El bórax puede conseguirse en farmacias, no es costoso, por lo que sus beneficios son bastante grandes para su uso en nuestros hogares.

Vinagre

Es el líquido producto de la fermentación acética del alcohol (caña, vino, manzana) mediante las bacterias *Mycoderma aceti*. El vinagre contiene una alta concentración de ácido acético. Los vinagres naturales también contienen pequeñas cantidades de ácido tartárico y ácido cítrico.

El vinagre es un gran aliado en la limpieza, no sólo del hogar, sino también del cuerpo. Sus usos son increíbles y muchísimos, por lo que sólo mencionaré algunos, ya que es imposible hacerlos todos. Esta sustancia es realmente efectiva, y seguramente ustedes encontrarán otros usos más adelante.

Con el vinagre de manzana se puede limpiar la cara, pues ayuda con el problema de acné en la piel. También es una excelente opción para acabar con la caspa, además de que deja el cabello mucho más suave y manejable, y es bastante menos costoso que los productos comerciales.

Ya que tiene poder para tratar infecciones micóticas, es muy bueno para tratar los hongos en la piel, como el caso del pie de atleta. Se puede aplicar vinagre directamente en la zona afectada para matar los hongos. Otra opción es sumergir la zona en agua con vinagre media hora todos los días.

El vinagre blanco elimina la grasa y la suciedad, disuelve los depósitos minerales, ayuda a quitar las manchas y descompone los olores. Mientras que huele cuando está mojado, el olor desaparece cuando se seca.

Para desinfectar superficies es muy bueno, ya que el vinagre blanco es antimicrobiano, por lo que puedes limpiar todo tu hogar con él. Además, también aniquila el moho, por lo que mantendrás tu hogar libre de él. Se puede utilizar el vinagre caliente para desinfectar utensilios de la cocina, la bañera, escusado, etcétera.

Podemos utilizar vinagre blanco, de manzana, de vino o de cualquier tipo para desinfectar los alimentos naturalmente. El vinagre es uno de los desinfectantes naturales más poderosos que podemos encontrar, al ser antimicrobiano, elimina todo tipo de bacterias, es bueno para la salud y no tiene componentes tóxicos. Sólo debemos dejar las frutas y verduras remojando en un recipiente con un chorro de vinagre. Otra opción es rociar una mezcla de un vaso de vinagre con un litro de agua, con un spray antes de usar el alimento en las preparaciones de la cocina.

Es estupendo para lavar la ropa, usándolo en lugar de los suavizantes comerciales. Hace resaltar los colores vivos en las telas y evita que se destiñan, evitando que la ropa de color manche las prendas blancas. Para esto, lo que debemos hacer es sumergir las prendas oscuras en vinagre durante media hora antes de llevarlas a la lavadora. El olor desaparecerá cuando la ropa se seque.

Y eso no es lo mejor, ya que elimina bacterias y malos olores. Para eliminar las manchas de sudor de la ropa, basta con dejarlas en remojo en agua con unas gotas de vinagre unas horas antes de lavarlas en la máquina lavadora. Además de ser mucho más barato, no es tóxico para el cuerpo ni para el medio ambiente.

Además, beneficia a tu máquina lavadora. Si pones vinagre en tu lavadora, la limpiará de calcificaciones que podrían haberse acumulado y dañarla. Esto es muy sencillo, se consigue mezclando una tercera parte de vinagre por cada dos terceras parte de agua, en un ciclo completo de lavado con agua caliente y listo.

Es muy buen removedor de manchas de telas, alfombras y superficies de tela de los muebles. Incluso quita las manchas de maquillaje de la ropa si las limpias de inmediato con agua y vinagre. Esta mezcla sirve también para los zapatos de piel, les da brillo y los hace lucir como nuevos. Para limpiar el cuero es una buena opción, mezclado con aceite de linaza, esta mezcla es muy útil para sacarle brillo a chaquetas, zapatos, sillones…

Otro buen uso es para limpiar los cristales, ya sean las ventanas o los vasos, copas o cristales de lámparas de adorno. También sirve para sacarle brillo a los cubiertos, ollas y otros accesorios de metal que tengamos en el hogar.

Es muy bueno para limpiar tu cafetera. Ya que el vinagre blanco puede remover los depósitos minerales que el agua deja en tu cafetera; limpiarla con vinagre ayudará a su buen funcionamiento. Se recomienda llenarla con agua y un cuarto de taza de vinagre, dejarla hervir y luego enjuagar.

Disuelve la suciedad, haciéndola mucho más fácil de limpiar de superficies como el horno y microondas. Un poco de vinagre caliente puede ablandar suciedades muy tozudas de remover. Para limpiar el refrigerador, se mezclan en partes iguales vinagre y agua, y es excelente como limpiador, además de que quitará los malos olores. Y si deseas eliminar los malos olores de forma permanente los olores de la comida, puedes dejar dentro del refrigerador un pocillo con vinagre.

Puedes usarlo como un método para mantener limpias tus cañerías, para quitar el calcio de las duchas y fregaderos. Si remojas la parte de la regadera en una mezcla de agua con vinagre, eliminarás las calcificaciones que se hayan formado en los agujeros.

Es posible remover las marcas de agua de la madera con el vinagre mezclado a partes iguales con aceite de oliva. Se frota sobre la superficie dañada y la marca se elimina.

Otra ventaja para nuestro hogar es que elimina el óxido de las superficies de metal. Lo único que hay que hacer es poner en remojo aquello que tenga óxido por algunos días, luego se enjuaga y el óxido se habrá eliminado.

Es un método muy recomendado para evitar que tu perro o gato siga orinando en un sitio que no debe. Rociando el lugar con un aspersor con vinagre y un poco de agua, eliminarás los malos olores y tu mascota no sentirá el aroma que lo guía a seguir orinando en ese lugar.

El vinagre es incluso eficaz para eliminar el olor del tabaco, que otras sustancias como el bicarbonato no son capaces de quitar del ambiente.

Para mantener a raya a los insectos, podemos rociar con vinagre con agua en partes iguales en las cornisas de ventanas y puertas. Otro método es dejar un platito con vinagre en las ventanas o rincones, y mantendrá alejados a los insectos.

También mantiene a raya garrapatas y pulgas si bañas a tu mascota con él. Algunos veterinarios recomiendan darles un par de cucharadas de vinagre a los animales con el agua que beben, para evitar que sean infestados por estos parásitos.

Bicarbonato de sodio

También se conoce como bicarbonato sódico, hidrogeno-carbonato de sodio, carbonato ácido de sodio o bicarbonato de sodio. Es un compuesto sólido cristalino, su color es blanco y es soluble en agua. Es ligeramente alcalino.

El bicarbonato de sodio es otro elemento que tendrá cientos de usos en nuestro hogar y en nuestra salud. Es muy económico, fácil de encontrar en cualquier tienda y es excelente como limpiador y desinfectante.

Por generaciones hemos usado el bicarbonato para toda clase de tratamientos en el hogar, como aliviar la indigestión, eliminar gases, para lavar los dientes y blanquearlos, como descongestionante nasal, alivia dolores articulares en cualquier parte del cuerpo, para aliviar quemaduras en la lengua, contiene las hemorragias nasales, ayuda a mitigar urticarias como las de las hiedras venenosas, aguas malas o enfermedades como la varicela.

Al ser una sustancia que mata bacterias, sirve como auxiliar en tratamientos y para ayudar a disminuir el dolor y acelerar la curación, como los fuegos de la boca, en la amigdalitis, grietas en las esquinas de los labios, combate la gingivitis y la placa, elimina el mal aliento, ayuda a combatir barros y espinillas, limpia la piel, blanquea zonas oscuras (como axilas), sirve como exfoliador facial y loción desinfectante después de afeitar, entre muchos otros usos.

En la preparación de nuestros alimentos, podemos utilizar el bicarbonato para desinfectar frutas y verduras. La receta es colocar las frutas o verduras en remojo por diez minutos en una mezcla de una cucharada sopera de bicarbonato de sodio con un litro de agua.

Para la panadería, es excelente como alternativa al polvo de hornear, que suele tener gluten. Sólo hay que mezclar bicarbonato de sodio con crémor tártaro, y tendremos una excelente sustitución del polvo de hornear.

Otro uso será en nuestro refrigerador, ya que además de desodorizar, preservará los alimentos por más tiempo. Lo único que hay que hacer es dejar un recipiente o platito con un poco de bicarbonato dentro del refrigerador y listo.

El bicarbonato es excelente para quitar malos olores en casi todos los materiales y ambientes. También como limpiador es muy bueno, es eficaz, ya que suaviza el agua, lo que ayuda a limpiar las superficies más fácilmente, lo que lo hace ideal para limpiar la cocina, porque absorbe manchas de grasa y aceite. Además no es tóxico ni produce daño al medio ambiente, por lo que no hay problema al verterlo en el desagüe.

La mezcla general suele ser un cuarto de taza de bicarbonato por litro de agua. Sin embargo, la proporción puede cambiar dependiendo de lo que quieras limpiar. Además, el bicarbonato mezclado con otras sustancias, como limón o vinagre, se convierte en un excelente limpiador para superficies grasosas, cochambre o suciedad difícil de eliminar.

En la lavandería, ablanda la suciedad de la ropa si se añade una cucharada al agua de la lavadora, elimina malos olores y sirve como suavizante. Remueve el tono amarillo de prendas y ropa interior, quita el percudido de cuellos y puños, aumenta el poder blanqueador de un ciclo de lavado.

En cuanto a manchas difíciles, el bicarbonato hecho una pasta con agua elimina la salpicadura de fruta, vino, manchas de grasa o de bolígrafo, entre otras.

Al ser también desinfectante, es excelente para lavar los juguetes de los niños, pues eliminará las bacterias y virus que pudieran contener.

En la cocina, es ideal para limpiar las ollas que tienen teflón o anti adherentes, ya que retira fácilmente los alimentos pegados al dejar hervir las ollas con agua y bicarbonato, sin dañar el antiadherente. Es muy bueno para limpiar la grasa adherida en muebles y la estufa, elimina manchas en muebles de madera, hace que brillen los vidrios y cristales, da brillo a los artículos cromados, etcétera.

Para limpiar el horno ya no debes recurrir a productos que podrían ser muy tóxicos y nocivos para tu salud, sólo basta un poco de bicarbonato y vinagre.

También funciona para limpiar la cañería, para ello se recomienda tirar directamente bicarbonato por el desagüe y luego echar vinagre. Dejar que la reacción actúe por al menos 15 minutos (verás cómo se forman burbujas) y luego dejar correr el agua.

Para el baño es un excelente aliado, no sólo sirve para desinfectarlo, sino que también despercude los azulejos y destapa cañerías. También aniquila el moho, por lo que sirve para eliminar las manchas negras de moho de la cocina y baño.

Al ser excelente para eliminar malos olores, no sólo sirve para quitar el olor a comida del refrigerador, sino como desodorante para todo el hogar. Lo que hace el bicarbonato es absorber los olores orgánicos (comida, animales, sudor, etcétera), neutralizándolos del ambiente.

Se puede usar como talco para quitar el olor de los pies o los zapatos, si tienes olor a cebolla en las manos lo aplicas en tus manos y te servirá para eliminarlo. Quita el mal olor de los colchones y ropa, por lo que puedes hacer lavado en seco con ellas, guardando la ropa en bolsas con un poco de bicarbonato, luego sacudes y la ropa queda libre de aromas. Otro uso podría ser dejar el bicarbonato en el microondas, el *locker* del gimnasio, dentro las maletas o cualquier lugar cerrado que no deseas que genere malos olores. También elimina los malos olores que quedan en los cestos de basura a causa de los residuos, en la cama de la mascota, el arenero del gato, etcétera. Sin embargo, no tendrá efecto en los olores sintéticos, como los perfumes, tabaco o los ambientadores.

Es muy bueno para limpiar en seco, como en el caso de las alfombras. Se debe rociar un poco sobre la superficie manchada, se deja reposar toda la noche y al día siguiente se aspira o barre.

Si tienes pequeños en casa, es ideal para remover manchas de crayón, bolígrafos y marcadores.

Es también otro excelente aliado contra los insectos, se recomienda espolvorearlo por los sitios donde pasen los insectos y mantendran a raya hormigas y cucarachas.

Un último uso es como extintor de incendios en una emergencia.

Sal

También se conoce como cloruro sódico o cloruro de sodio. Se emplea como condimento en las comidas y como conservante en las salazones de carnes, pescados y algunas verduras (encurtidos). La sal será un elemento de limpieza muy importante en nuestro hogar, ya que además de tener un bajo precio, tiene múltiples usos, y combinada con otros agentes como el vinagre y el limón, será un excelente limpiador, ya que la sal potencializa el efecto de estas sustancias.

Para la limpieza de las ollas y sartenes, es más fácil remover la comida pegada de ellos si se ponen al fuego con agua y al momento en que hierva, se le agrega sal de mar. Luego se lava como de costumbre.

Sirve también para la limpieza de la cocina, mezclada con vinagre sirve para eliminar manchas de derrames en el horno, en la porcelana de platos y tazas, pulir la mayoría de los metales, quitar manchas de la alfombra. Es excelente para remover la grasa de los utensilios de metal de la cocina, sólo debes espolvorear sal por encima de ellos y dejarlo en reposo. Luego se lava y listo, queda como nuevo. También sirve para la porcelana de las tazas manchadas con café o té. Reduce el mal olor en los recipientes, frascos y vasos de plástico. Se añade sal en el interior, se deja reposar y después se lava de forma normal.

Para darle más vida útil a tus esponjas de baño o cocina, remójalas en agua con sal después de usarlas.

La sal, preparada en una pasta con vinagre, sirve para mantener el drenaje y el fregadero limpio de grasa y malos olores.

Mezclada en una pasta con aceite vegetal sirve para pulir muebles de madera y para borrar los molestos círculos blancos producto de los vasos mojados.

Si le pones un poco de sal al agua que usas para limpiar los pisos, conseguirás que tarden más en ensuciarse y que los de madera queden más brillantes.

En la lavandería es estupenda para potencializar la limpieza de la ropa, abrillanta los colores en las prendas, remueve las manchas de sudor en la ropa, quita las manchas de sangre y quita el percudido. Se puede dejar la prenda remojando en agua fría con sal y luego lavar de forma normal. Otra forma para blanquear y realzar el color de las prendas, es remojar la ropa en una proporción de cinco cucharadas de sal con una de bicarbonato de sodio por carga de ropa regular, mezcladas en agua caliente.

También es útil al planchar, pues evita que la plancha se pegue a la ropa, lo único que hay que hacer es aplicar un poco de sal en el almidón.

Otro uso es para eliminar las manchas de óxido de las telas. Sólo debes mezclar un poco de sal con jugo de limón, humedeces la zona con la mezcla y luego lo dejas secar al sol. Después lo lavas como de costumbre y listo, la mancha desaparece.

Para evitar la aparición de la escarcha matutina en las ventanas de la casa y el auto, se recomienda frotar una esponja con agua y sal sobre la superficie.

En el caso de que desees alargar la vida de tus flores, sólo debes añadir una pizca de sal al agua de los floreros, esto mantiene frescas las flores por más tiempo. También la sal controla las malezas del jardín, es sencillo: sólo se debe esparcir en las grietas de las baldosas o bordes donde suelen crecer y listo. Además, funciona como repelente de las hormigas si se espolvorea en la entrada de la casa, alrededor de las ventanas y las puertas.

También sirve para apagar las llamas, en caso de que se te prenda accidentalmente un sartén, puedes rociarlo por encima con sal para apagar el fuego.

Jabón natural

Es un producto soluble en agua que sirve para la higiene personal y para lavar determinados objetos. Se puede encontrar en pastilla, en polvo, en crema o en líquido. Se puede utilizar como producto de limpieza y detergente suave. Hay que asegurarse de que esté elaborado con productos naturales, aceites vegetales y grasas animales, en lugar de sintéticas. Incluso se puede hacer en casa, existen numerosas recetas para hacer jabones para el cuerpo y el hogar.

El jabón es excelente para mantener limpios nuestros cuerpos y hogar, sin embargo, debemos tener cuidado al elegirlo. Debe contener la menor cantidad de químicos posible, pues muchos de ellos serán dañinos para nuestro organismo.

No lo notamos, pero muchas veces los jabones contienen sustancias añadidas que podrían ser muy dañinas para nosotros. Sustancias como resinas sintéticas (algunas que también se usan para ablandar el concreto), desengrasantes y surfactantes son malos para nosotros, pero aun así muchos jabones las traen en sus ingredientes. Además, las fragancias que les añaden contienen muchos químicos que resultan tóxicos, y la mayoría ni siquiera están enlistados en las etiquetas, a pesar de que pueden provocar irritaciones, alergias, migrañas e incluso síntomas de asma.

Y cuidado con el triclosán, otro agente que suele ser añadido no sólo a los jabones, sino también a los desodorantes, champús, pastas de dientes y otros artículos para el hogar. Esta sustancia es tóxica y puede producir cáncer. En un estudio de la Escuela de Medicina de la Universidad de California, San Diego, se descubrió que tiene consecuencias potencialmente graves cuando hay una exposición a largo plazo a esta sustancia, pues es causante de fibrosis hepática y cáncer, por lo que aconseja dejar su uso.

Originalmente el triclosán era añadido con la intención de que actuara como agente antimicrobiano en los jabones, pero además es tóxico. En la revista *The Annals of Internal Medicine*, se publicó que los jabones antibacteriales no aportaban ningún beneficio respecto al jabón regular.

Otro agente del que debemos cuidarnos son las *microperlas* que contienen diversos productos de baño y cosméticos. Son burbujas sintéticas diminutas que se encuentran en los jabones corporales, pastas de dientes, exfoliantes faciales y en muchos otros productos de cuidado personal. Éstas se van por el agua cuando los usamos y una vez que se han liberado, no existen métodos conocidos para eliminarlos, ya que son tan diminutos que viajan a través de las plantas de tratamiento de aguas, atravesando los filtros que se utilizan para purificarla, y llegando al medio ambiente, donde resultan ser tóxicas a un nivel preocupante.

Las microperlas absorben fácilmente químicos que perturban el sistema endócrino y causan cáncer. Los plásticos pueden concentrar toxinas entre cien mil y un millón de veces más altos que los niveles que se encuentran en el agua del mar.

Al comprar, hay que buscar productos que sean naturales, o al menos que no contengan estas sustancias nocivas: polietileno o polipropileno.

Otras sustancias dañinas para nuestro organismo, por su nivel de toxicidad, provocan problemas al desarrollo y la mayoría son sustancias cancerígenas que debemos evitar, entre éstas se encuentran: parabenos, sulfato laurico de sodio, ftalatos (o ésteres de ácido ftálico, son un grupo de compuestos químicos principalmente empleados como plastificadores; se esconden bajo el nombre de fragancia), metilisotiazolinona y tolueno.

En este momento es cuando debemos detenernos a leer las etiquetas, muchas sustancias añadidas como perfumes, son dañinas y pueden provocar cáncer. Lo mejor es elegir jabones naturales tanto para bañarnos como para la limpieza de nuestro hogar, pisos y ropa.

El jabón natural contiene una serie de sales de ácidos grasos que serán muy eficientes para limpiar cualquier superficie. Podemos comprarlos en la tienda o hacerlos nosotros mismos.

Mi biomédico me recomendaba usar las marcas comerciales más sencillas, esas que por lo general suelen ser las más económicas y sencillas, y que uno asume que no sirven, pero que en realidad son las mejores y más eficaces contra la suciedad, además de ecológicas y no tóxicas.

Puedes elaborar jabón líquido con escamas de jabón, el resultado se puede usar para limpiar cualquier superficie o para lavar la ropa. Además, los jabones mezclados con las sustancias anteriores de las que hemos hablado, crean sustancias que son excelentes limpiadores para el hogar.

Limón

Esta fruta contiene un alto contenido en vitamina c y ácido cítrico. Es de olor muy agradable, mezclado con otras sustancias es un excelente removedor de manchas gracias a sus aceites esenciales y bioflavonoides.

El limón tiene una gran variedad de usos, además de los culinarios: es un poderoso quitamanchas y desinfectante, además de desodorante y aromatizante para nuestro cuerpo y hogar.

Se pueden utilizar el jugo de limón, las cáscaras o aceite esencial de limón junto a tus productos de limpieza.

Algunos de sus usos van de la mano con los ya mencionados, por lo que no los mencionaré todos. La idea es que el limón combinado con el vinagre, bicarbonato y/o la sal, produce componentes limpiadores potenciados que tendrán una efectividad excelente en la limpieza del hogar.

Por ejemplo, el jugo de medio limón combinado con sal, se puede utilizar para limpiar el bronce y el cobre.

Es excelente para eliminar las manchas de grasa de la ropa, sólo se debe frotar sobre la prenda jugo de limón y dejar reposar toda la noche.

Junto con el vinagre forman un aliado perfecto para limpiar la grasa y desinfectar. Una receta es añadir en un frasco de vidrio un puñado de cáscaras de limón y vinagre blanco. Se deja reposar dos semanas, se cuela y se usa combinado con agua a porciones iguales como limpiador multiuso.

Es realmente eficaz para erradicar las hormigas y plagas del hogar. Puedes colocar cáscara de limón en los sitios por donde transitan los insectos, huecos o grietas. Se dice que también son eficaces contra cucarachas y pulgas.

Un remedio excelente es dejar reposar por un par de semanas cáscaras de limón en agua, hasta que suelten el aceite (es mejor si usas limones enteros). Luego dejas ese concentrado de agua con aroma a limón en un pocillo o una botella abierta de boca ancha en el sitio donde no quieres que se acerquen las hormigas y listo. Es realmente excelente, no se acerca ni una.

También funciona para quitar los malos olores. Puedes dejar cáscaras de limón dentro del refrigerador para absorber los olores y a la vez dejar un aroma cítrico. Lo mismo sirve para el fondo de los botes de basura.

Por su fragancia agradable, lo puedes usar para refrescar tu hogar. Una idea es hornear cáscaras de limón hasta que se oscurezcan, y luego encenderlas como si fuesen cerillos. Otra idea es crear una mezcla de popurrí con cáscaras secas de limón, ponerlas en bolsitas y dejarlas dentro de tus clósets, cajones o sitios que quieras que mantengan un olor agradable. También puedes mezclarlos con clavo, pétalos de rosas, o lo que desees para dar olor.

Remueve los depósitos minerales. Para ello, dejas hervir una mezcla de cáscaras de limón y agua, con ella podrás quitar el sarro de las teteras, ollas, etcétera.

Alcohol etílico

El alcohol etílico es una sustancia muy buena para limpiar, desinfectar, secar superficies de manera rápida y quitar manchas de grasa o pegamento difíciles. Sin embargo, es recomendable usarlo sólo en casos donde no haya servido ningún otro método. Debe usarse con precaución, ya que el alcohol es abrasivo. Este limpiador es capaz de eliminar la suciedad más incrustada y dejar brillantes numerosas superficies, y no sólo eso, es excelente para eliminar las manchas de tinta de tu ropa. En materiales delicados se recomienda aplicar con una bola de algodón.

Si tu mascota tiene problemas con las garrapatas, es sencillo removerlas con alcohol al tiempo que tratas la herida. Las garrapatas odian el sabor del alcohol desinfectante, antes de quitar una garrapata, frota la zona donde está con alcohol para hacer que pierda su agarre. Esto es importante, porque si intentas arrancar una garrapata sin más, podrías dejar la cabeza dentro de la piel, y de ella se emanarán sustancias nocivas y parásitos al torrente sanguíneo de tu mascota. Las garrapatas pueden transmitir enfermedades graves, ya que en su interior sobreviven y se multiplican varios tipos de gérmenes. Por ello nunca arranques una garrapata, hay técnicas para hacerlo, y ésta es una: luego de frotar la garrapata con alcohol, agárrala con el algodón (no la toques sin protegerte los dedos) tan cerca de la piel del perro como puedas para sacarla rápidamente. Frota de nuevo con alcohol para desinfectar la herida.

Existen muchos limpiadores naturales, yo he mencionado éstos porque son los más básicos, fáciles de conseguir, sencillos de usar, de bajo costo y efectivos sin ser tóxicos ni dañinos al medio ambiente.

Sin duda, estos limpiadores caseros son superiores a los convencionales que conocemos. Les recomiendo usarlos en su hogar. Si lo desean, al igual que con la dieta, vayan introduciéndolos poco a poco y notarán su eficacia desde la primera vez, además de que son los mejores aliados para mantener su hogar desinfectado de bacterias, hongos y virus, debido a sus bajos niveles de pH que hacen difícil que muchos microorganismos proliferen. A su vez, la acidez elimina depósitos minerales, como el calcio, la cal y los restos de jabón.

Así que anímense a comenzar a usar estas alternativas naturales, que además de benéficas para su hijo, mejorarán la salud de toda su familia.

Plantas para mantener alejados a insectos

Esta sección la he querido agregar porque para mí es importante. En el sitio donde vivimos solemos tener muchos problemas con los insectos, no sólo porque son molestos, sino porque son transmisores de enfermedades. El dengue es un problema recurrente y es transmitido por las picaduras de ciertos mosquitos. También algunas hormigas pueden producir mordeduras venenosas y muy dolorosas. Por otro lado, las cucarachas y los ratones son transmisores de enfermedades como la leptospirosis, peste bubónica, disentería, diarrea infantil, infecciones urinarias y de intestino, gastroenteritis, fiebres entérica y tifoidea, entre otras. Por otro lado, varios estudios han demostrado que las cucarachas pueden adquirir, mantener y excretar ciertos virus, siendo vectores de la hepatitis infecciosa.

Para evitar estar en contacto con estos bichos transmisores de enfermedades, debemos mantener nuestro hogar limpio, desinfectado y prevenir la aparición de estos habitantes indeseados en nuestras casas. Para ello he recopilado la información de algunas plantas que pueden ser plantadas en nuestros jardines o macetas en el hogar, o bien adquirir sus esencias para ayudarnos a mantener lejos de casa a estas plagas.

Plantas y esencias como la lavanda, la albahaca, bergamota, canela, clavo, eucalipto, pomelo, limón, orégano, romero y tomillo tendrán un efecto positivo en nuestro organismo y ayudarán a evitar problemas con parásitos e insectos.

Además, si tienes la intención de hacer un huerto, debes saber que intercalando algunas de estas plantas entre tus cultivos, podrás alejar parásitos de forma natural de ellos. Plantando menta, albahaca, tomillo o melisa entre las hortalizas, o plantando aromáticas como lavanda, romero, salvia y ruda en los bordes de los cultivos, se crean asociaciones de plantas beneficiosas que las protegen de plagas.

Lavanda

Es una planta maravillosa, es sencilla de mantener en macetas o cultivarla en el jardín, y no sólo lucirá hermosa, sino que posee grandes cualidades medicinales y aromatizantes y se puede usar incluso como condimento en la cocina.

La lavanda es un repelente muy bueno para insectos, su presencia disuadirá la intrusión de garrapatas, mosquitos, moscas y otros insectos indeseables. Podemos usar su esencia o la planta misma para preparar repelentes que pueden ser empleados en animales y mascotas. También unido a limpiadores caseros, potencializará el efecto de éstos y además les otorgará un aroma agradable.

La lavanda ha sido utilizada por siglos para ayudar a combatir molestias en el organismo como la inquietud, el insomnio, nerviosismo y depresión. Se puede usar para tratar algunos trastornos digestivos y malestar estomacal, migrañas, dolores de muelas, esguinces, dolor de los nervios y de articulaciones, entre otras dolencias. Además, por tener propiedades microbianas, es un muy buen antiséptico para limpiar heridas, para combatir infecciones por hongos y molestias como el mal aliento. Se usa también para quitar la caspa y prevenir la caída de cabello.

Es un gran desinflamante, debido a que posee polifenoles. Estos antioxidantes reducen las bacterias del intestino, por lo que es un gran desintoxicante. Lo único que debes hacer es espolvorear un poco de lavanda seca sobre tus comidas.

Se puede preparar un repelente natural con flores de lavanda deshidratadas y vinagre blanco. Debes elegir las flores, apartándolas de tallos y hojas, y mezclarlas con el vinagre, por último, deja reposar unos días y listo.

Las propiedades combinadas del vinagre y la lavanda se realzan mutuamente en este repelente, por lo que los insectos no se acercarán. Además, posee la cualidad de calmar la comezón ocasionada por la picadura de los insectos.

Otro beneficio llega como aromaterapia, baños y al ingerirla. Puedes preparar té de lavanda, sólo sumerge unas cuantas de las flores secas en agua hirviendo, déjalo reposar por diez minutos y listo.

También puedes hacer bolsitas con flores secas y dejarlas entre tu ropa o bajo la almohada, o ponerlas en platitos en la mesita de noche al lado de tu cama, y te ayudará a combatir el insomnio y a relajarte.

Si tienes jardín, es excelente para el cultivo de rosas, y también para ahuyentar plagas en caso de que tengas un huerto, ya que esta planta atrae abejas, abejorros y mariposas, lo cual ayudará para la polinización, y a la vez ahuyentará a los pulgones de los rosales. Se puede hacer un preparado contra hormigas para las plantas mezclando la hoja de lavanda con agua hirviendo (300 gramos por litro). Se deja enfriar y después se pulveriza sobre las plantas.

Ageratum

La *Ageratum conyzoides* es también conocida como cebollina o hierba de chivo. Esta planta tiene un aroma que repele a los mosquitos. Además segrega un compuesto llamado cumarina, que es usado en muchos repelentes naturales de mosquitos. Es excelente como insecticida para los mosquitos, ya que el extracto de esta planta inhibe el desarrollo de sus larvas.

Sus hojas pueden apachurrarse un poco para intensificar el olor, pero no es recomendable untarlas en la piel porque pueden ser irritantes.

Esta planta también posee magníficas cualidades curativas si se le emplea en la forma adecuada, el té de todas las partes de la planta tiene propiedades antiinflamatorias, analgésicas y antibióticas. Es muy buena en casos de artritis, para bajar la fiebre, reducir el colesterol, para usar como antioxidante, estimular la digestión, prevenir úlceras, contra la epilepsia y espasmos, como laxante suave, para detener hemorragias y curar heridas.

Caléndula

También se conoce como margarita. Este tipo de planta posee un olor que los mosquitos detestan, además contiene una sustancia llamada piretrina, un componente muy usado en repelentes de mosquitos naturales.

Por sus cualidades medicinales se utilizan las hojas, las raíces y las flores. La forma más común de consumirla es elaborando una infusión con la flor seca o fresca, de una cucharadita por cada taza de agua caliente. Con la infusión también se pueden hacer buches y gárgaras para mejorar las afecciones de la boca y garganta. En la cocina se pueden añadir sus flores y hojas a ensaladas y otros platos para decorar y aportar color. Es excelente para irritaciones, eczemas, pequeñas heridas y ayudar con la cicatrización, para estos casos se utiliza externamente aplicando cataplasmas hechos con las hojas y las flores. En cosmética y belleza casera se utiliza añadiendo las flores o el aceite a los preparados.

Esta planta es muy útil por sus cualidades: alivia las molestias de las picaduras de insectos y quemaduras de la piel, elimina las verrugas víricas, reduce la inflamación, calma el dolor, estimula la curación de la piel (afecciones cutáneas, acné, indigestión y gastritis, conjuntivitis) y elimina hongos. Para la cara es excelente, ya que regenera las células de la piel y favorece la producción de colágeno, manteniendo una piel suave, con elasticidad e hidratada. Mejora los abscesos, forúnculos, dermatitis y otros problemas en la piel como grietas, sequedad o llagas. Entre otros muchos usos.

Las caléndulas en maceta pueden ponerse cerca de las entradas, ventanas y cualquier posible ingreso de insectos. El olor deberá evitar que los insectos quieran entrar.

También son buen aliados en los huertos de tomates, patatas, coles y hortícolas en general, ya que repelen pulgones, chinches, la mosca blanca y gusanos, y ahuyenta al escarabajo del espárrago. Además atrae insectos beneficiosos para el huerto. Si tienes un huerto de tomates, puedes plantarlas entre las matas.

Menta

Ayuda a controlar plagas de insectos, ya que ahuyenta pulgones y otros insectos dañinos. Si la cultivas alrededor de tu casa o huerto, frenará el ingreso de las hormigas, los pulgones que éstas trasladan, pulguillas, la mariposa blanca de la col y sirve también para repeler roedores. Por otro lado, atrae abejas, abejorros y mariposas.

Un buen remedio natural para combatir las hormigas es echar hojas de menta secas en los lugares por donde van las hormigas. Otra opción es mezclar unas gotas de aceite esencial de menta con agua, revolverlo bien y rociarlo con una botella de atomizador por las superficies.

La menta es una hierba descongestionante, refrescante y aromática. También actúa como antiespasmódico, diaforético, digestivo, antiséptico y ligeramente anestésico. Los usos más comunes de la menta son el té, el extracto y el aceite esencial. El aroma de la menta mejora la memoria y la concentración.

Citronela

También se conoce como té de limón, pasto de limón, limoncillo, lemongrass, pasto citronella, zacate de limón, hierbalimón, yerbalimón, malojillo, limonaria, cedrón pasto o citronella.

Es el ingrediente más usado para hacer repelentes de mosquitos, ya que posee un olor muy fuerte y particular que enmascara el olor de las víctimas de los mosquitos, haciendo que para ellos seas más difícil de encontrar.

Tiene varios usos, como las velas con esencia, pero la planta viva es más efectiva porque tiene un aroma más potente y fresco.

No se recomienda aplicar el aceite esencial de citronella puro sobre la piel, ya que puede ser irritante. Puedes mezclarlo con algún aceite o alcohol.

A pesar de que el principal uso de esta planta es como insecticida, para desinfectar las picaduras de insectos y para prevenirlas, también tiene otros usos, como aliviar dolores reumáticos, musculares, la lumbalgia, la tensión cervical, la migraña, combatir los granos, el acné, la hipersudoración (el té ayuda a controlar la temperatura corporal en zonas de mucho calor), se aplica sobre golpes y contusiones, y ayuda al cuidado de la piel: apoya en la disminución de líneas de expresión, arrugas, piel grasa y labios agrietados. Estos aceites también se utilizan en caso de fatiga y estrés, se les atribuyen virtudes antisépticas,

antibacterianas, antifúngicas, diuréticas, antiespasmódi-
cas, digestivas y tónicas. Ayuda a relajar los músculos del
estómago, alivia los espasmos y contribuye a frenar la infección bacteriana.

Albahaca

La albahaca o alhábega es una hierba aromática que generalmente se usa para aderezar las comidas, se puede
consumir fresca o seca.

Esta planta aromática no es del agrado de los insectos,
por eso también se usa en las huertas como «cerco vivo»,
para repeler las plagas de los cultivos.

Puedes mantener plantas de albahaca fresca en macetas dentro de tu hogar o en tu jardín, para que actúe
como repelente de moscas, mosquitos y chinches. Una
buena idea es colocar las macetas cerca de las puertas o
ventanas, para evitar el ingreso de estos insectos a tu hogar.

Si tienes un huerto casero, es excelente para usar en el
cultivo de tomate y pimiento, ya que atrae polinizadores
y aleja los parásitos e insectos dañinos.

Ajo

Es una planta perenne con hojas planas y delgadas, el
bulbo forma una cabeza dividida en gajos que comúnmente son llamados dientes. El ajo es muy conocido por
su uso en la cocina como un saborizante natural, pero
también en la medicina por ser un poderoso bactericida
y fungicida natural.

Es por esto que el ajo es un excelente aliado en la medicina y un repelente natural de insectos.

Para usarlo como repelente de mosquitos puedes comer una gran cantidad de ajo de una sola vez o comer gajos de ajo de manera regular. O también puedes hacer repelentes a base de ajo que te untes en la piel.

Aquí una receta: coloca en un recipiente un poco de agua y algunos dientes de ajo cortados. Deja reposar la mezcla unas horas y luego lo pones en un spray. Esparce esto en toda la casa, puertas y ventanas. Repelerá mosquitos, moscas, garrapatas y pulgas.

Si deseas plantar ajo como protección para tu jardín o huerto, actúa como un insecticida sistémico. Lo deberás sembrar alrededor de las plantas que desees proteger. El ajo es excelente para repeler nematodos, babosas, pulgones, bacterias y hongos, entre otros parásitos, por lo que es muy bueno para el cultivo de cebollas, zanahorias y fresas, entre otros.

También repele roedores, por lo que ayudará en la siembra de árboles frutales. Y si lo siembras alrededor, evita las invasiones de hormigas, además de repeler insectos y roedores.

Puedes preparar una infusión de ajo sola o mezclada con otra sustancia (chile cayenne, por ejemplo) para que actúe como plaguicida. La deberás aplicar con atomizador directamente alrededor de tu césped, a los tallos y hojas de las plantas, como plaguicida. Si lo aplicas de forma continua, ayudará además a repeler a los mosquitos.

Por otro lado, el ajo es una medicina naturista y tiene una amplia utilización farmacológica. Es eficaz como antibiótico, combatiendo numerosos hongos, bacterias y virus, en el control de enfermedades cardíacas, la prevención de algunos tipos de cáncer, ciertas complicaciones de la diabetes mellitus, en la reversión del estrés y la depresión.

De acuerdo a los efectos medicinales que se deseen encontrar con el ajo, la forma en que debe ser ingerido varía, ya que el ajo posee diferentes propiedades crudo o cocido.

Algunas investigaciones han demostrado que el ajo en ayunas es un potente antibiótico, regula naturalmente la presión arterial y afecciones estomacales. Los expertos afirman que los beneficios del ajo son tan poderosos que expulsa las lombrices y evita enfermedades como el tifus.

Cuando el ajo crudo es cortado o machacado, se produce una sustancia llamada alicina. Ésta tiene varios efectos benéficos para el organismo. Pero si el ajo es cocinado, este compuesto se destruye. Por otro lado, en el proceso de cocción del ajo se liberan compuestos diferentes, como la adenosina y el ajoeno, que poseen cualidades anticoagulantes y que reducen el nivel de colesterol. También se usa el ajo en vía tópica para combatir las verrugas. En la medicina herbaria se ha utilizado el ajo para la ronquera y la tos.

Clavo de olor

Son los botones de flor secos del árbol del clavo. Es usado como especia en las cocinas de todo el mundo y también para tratamientos dentales, ya que el aceite esencial que posee actúa como analgésico para emergencias dentales.

Por otro lado, es un repelente muy efectivo, ya que el olor que despide no es agradable a los mosquitos. Se pueden preparar repelentes para mosquitos de forma muy sencilla utilizando alcohol, clavo de olor y aceite de bebé o algún otro aceite corporal.

Servirá para espantar a los mosquitos de las habitaciones, ya que estos insectos se alejarán del aroma del clavo.

El clavo también puede ser usado para espantar las hormigas, las moscas o evitar que los mosquitos pongan larvas en tus plantas acuáticas de la cocina o de tu casa.

Eucalipto

Es un género de árboles y arbustos de la familia de las mirtáceas. El aroma y aceite que despiden sus hojas son un muy buen repelente para mosquitos. En los jardines o habitaciones vacías puedes quemar un puñado de estas hojas y espantará a todos los mosquitos del lugar.

También puedes preparar repelentes de forma sencilla. Sólo debes poner a hervir hojas de eucalipto en agua (250 gramos por litro), de media hora a cuarenta y cinco minutos, hasta que las hojas hayan desprendido toda su esencia. Con la mezcla todavía caliente, vierte en los marcos de las puertas y las ventanas, y las zonas del hogar donde tengas problemas de mosquitos. Lograrás que los mosquitos no entren. Este mismo líquido colado lo puedes dejar en frascos pequeños en las habitaciones para mantenerlos alejados.

Melisa

También se conoce como toronjil, melisa u hoja de limón. Es una hierba que posee un fuerte aroma a limón. Se utiliza en infusión como tranquilizante natural y en aromaterapia. Su aceite esencial se aprovecha en perfumería pero también para espantar a mosquitos, moscas y otros insectos.

Para los huertos es excelente, porque además de alejar los insectos dañinos, atrae polinizadores. Sólo que debe mantenerse en el borde exterior del huerto, ya que es muy invasora.

Crisantemos

Son arbustos con flores similares a la margarita. Las flores secas se pulverizan y los compuestos activos en sus semillas, llamadas piretrinas, sirven para extraer su aceite. Su esencia es excelente para ser usada como repelente, ya que las piretrinas atacan el sistema nervioso de todos los insectos, e inhiben a las hembras de mosquitos de picar. Cuando no están presentes en cantidades fatales para los insectos, continúa siendo repelente contra ellos.

Flor de alfalfa

Con su néctar atrae a los mosquitos machos y estos mueren por el tóxico que esta planta contiene.

Como les comentaba, estos son unos ejemplos de plantas, sólo he mencionado algunas, las más comunes, pero hay muchas más y se pueden combinar entre sí para conseguir el efecto deseado.

Sé que todo esto puede sonar un tanto abrumador de una sola vez, pero no es así. Tomen las cosas un paso a la vez, poco a poco. Elijan un solo cambio y háganlo posible en familia; una vez conseguido pueden escoger la siguiente meta.

Puede parecer difícil y muy tardado, pero realmente no lo es. Toma su tiempo, es verdad, pero vale la pena. Recuerda que lo que intentamos hacer es mantener el cuerpo de nuestro hijo y de nuestra familia libre de toxinas, a las cuales se ha comprobado están relacionadas muchas de las características del autismo. Y aunque es imposible mantenernos en un ambiente limpio y libre de contaminantes al cien por ciento todo el tiempo, sí podemos dejar de contaminarnos continuamente en casa, consumiendo o bañándonos con toxinas que de un modo u otro se acumularán en nuestro organismo y el de nuestros hijos.

Nosotros hicimos grandes cambios en nuestra vida para ayudar a nuestra hija, y los seguimos haciendo, todo el tiempo estamos leyendo y aprendiendo, buscando nuevas alternativas naturales que emplear en nuestro hogar. No las implementamos todas de una sola vez, vamos poco a poco, pasito a pasito.

Nuestro primer gran paso fue decidir dejar la contaminada Ciudad de México e irnos a vivir a un sitio más tranquilo y limpio. Y ha dado resultado, ahora vivimos en una ciudad cerca del mar, con un aire más puro y una vida más tranquila. Con la dieta especial y los cambios que hemos ido implementando en nuestra rutina, los beneficios que ha presentado nuestra hija son increíbles.

Como padres, nuestra meta es siempre ayudar a nuestro hijo en todo lo posible para superar los estragos que trae consigo el autismo. Y esto incluye una vida más saludable, con productos alimenticios y un ambiente libre de químicos en la medida de lo posible.

Esto, por sorprendente que parezca, hará una gran diferencia en la vida de nuestros hijos. Y también de nuestras familias.

Es claro que esta cantidad de químicos no naturales dentro de nuestro organismo están alterando nuestra vida, y como explican algunos científicos, nuestra genética.

Yo no soy científica, no puedo afirmar o negar nada por estudios no hechos por mi propia mano. Lo único que puedo asegurar es aquello que he presenciado, lo que he vivido. En mi experiencia y por lo que he podido hablar al respecto con diversas psicólogas, madres y profesoras de niños dentro del espectro autista, es que efectivamente a los niños a los que se les ha suprimido de sus dietas esta clase de químicos, tienden a tener mejorías mucho más notorias que los niños que no lo han hecho.

Incluso puedo notar cuando bebo un vaso de jugo en polvo o un refresco de gas de dieta porque hay algo en él que me provoca una sensación de mareo, como si me nublara la mente. Esto lo he notado desde niña, antes de que comenzara a estudiar y leer todos los artículos sobre lo dañinos que pueden ser los químicos como el Aspartame, por lo que no es algo sugestivo.

Como dicen, uno debe aprender a escuchar a su cuerpo. Es algo que todos deberíamos hacer. Pues todo lo que nos haga daño a nosotros, es más que seguro que también dañará a nuestros hijos. Y por consiguiente, no vamos a darles a nuestros hijos algo que los dañe.

Hacerme conocedora de esta información reforzó aquello que yo ya creía, que algo en esos polvos me hacía mal. Y amplió mi visión a todo lo demás que podría resultar dañino para nuestra salud.

Si me hace daño a mí, le hace daño a mi hija. Es así de simple.

Siguiendo el mismo ejemplo, en consecuencia, mi hija no toma más que agua natural, sin polvos que le nublen la mente. Y los cambios en su conducta han sido enormes.

Enfrentar el mundo con el autismo como compañero

CON EL TIEMPO HEMOS APRENDIDO A VIVIR CON EL AU-tismo, a adaptarnos. Tenemos momentos más sencillos que otros, pero en general, sabemos arreglárnoslas cuando debemos enfrentar un momento de dificultad, conocemos a nuestra hija y a aquellas cosas que puedan estarla afectando.

Sin embargo, muchas veces las dificultades no están dentro de casa sino afuera, en ese mundo duro, poco sensible, repleto de miradas insidiosas y comentarios hirientes.

No toda la gente va a entender qué le pasa a tu hijo o tu situación familiar.

Nosotros hemos tenido cantidad de problemas a causa de las crisis de nuestra hija. Pero los jefes no entienden, o no quieren entender, que a veces llegas tarde porque tu hija tuvo una mala mañana, porque seguramente no durmió nada en toda la noche, y tú tuviste que estar tras ella caminando de un lado a otro de la casa, cuidando que no fuera a lastimarse con nada. No entienden que cuando llegó el momento de prepararla para ir a la escuela, tu hija empezó a tener una rabieta tremenda, con puños, patadas y mordidas, y que como padre no podías dejarla así, que debías calmarla. Y eso lleva tiempo... Tiempo que no te dan tus jefes para llegar tarde en la mañana al trabajo.

La gente te mira, murmura, te señala cuando tu hijo de pronto se lanza a gritar de la nada, a llorar, cuando actúa de un modo que no parece «normal». No entienden qué está mal, asumen que tienes un niño mal educado, consentido, que no le impones normas o de lo contrario se controlaría en público. Y muchos no se muerden la lengua para decírtelo.

Debo admitir que en más de una ocasión he deseado ahorcar a alguien. Por lo general soy una persona pacífica, sin embargo esta clase de situaciones sacan el Mr. Hyde que llevo dentro y no dudo en contestarles un par de cosas a esos entrometidos.

La gente no se toca el corazón al criticar. No busca pensar en explicaciones posibles para esos comportamientos. No hacen el llamado a la bondad que todos los seres humanos llevamos dentro para ponerse en los zapatos del otro y comprender su situación.

Una vez me preguntaron, ¿qué le dirías a la gente que se topa con una situación así?

Les diría: «Ayuden, si es posible, y si no, al menos no miren, no digan nada». Prefiero que vuelvan la mirada a que sus ojos interpreten las horribles cosas que pasan por su mente.

Y es que a casi nadie en nuestra sociedad le importa el autismo. Hasta que te toca. Es una lástima, pero es una realidad. Muchas personas no se tocan el corazón hasta que la vida les hace vivir algo como esto.

A lo largo de nuestro camino con autismo nos hemos encontrado todo tipo de personas. Las completamente desagradables, esas que si tuvieras rayos láser en los ojos, las habrías pulverizado en el acto.

Las chismosas que te hacen preguntas de todo, desde qué es el autismo hasta qué tipo de retraso tiene tu hijo. Porque sí, todavía hay mucha gente que no tiene ni idea de lo que es el autismo y asumen que debe ser un tipo de retraso, porque sólo los niños con retraso no hablan.

Las lastimeras que sienten tanta lástima por ti y tu hijo que lo mejor que pueden hacer por ustedes, es no verlos más, para no sentirse mal.

Las neutrales, a quienes tu situación no les importa en lo más mínimo. No son buenas ni malas, sólo están allí. Por lo general, suelen ser la mayoría de las personas.

También están las positivas, aquellas que intentan subirte el ánimo y te felicitan continuamente por tus constantes esfuerzos.

Las participativas son tan pocas que parecen tan inexistentes como las hadas, pero sí las hay. Son aquellas que realmente quieren apoyarte, te dan su amistad, su confianza y hacen lo posible por ser parte de tu vida y la de tu hijo.

Las que comparten tu misma vivencia, los padres de otros niños con autismo, que saben lo que es estar en tus zapatos y, por lo general, serán tus aliados al enfrentarte al mundo.

Cuando comienzas a recorrer el sendero del autismo con tu hijo de la mano, te das cuenta de la cantidad de falta de información o información errónea que existe allá fuera.

Los que han oído qué es el autismo, al ver a tu hijo imaginan en automático que debe ser una especie de Rain Man, genio en las matemáticas e incapaz de mantener una conversación. O quizá un pequeño abstraído en su burbuja, tan quieto como una planta o un mueble.

Es increíble que en nuestro avanzado y tecnológicamente futurista tiempo, todavía exista tanta ignorancia respecto al autismo.

Las personas desean clasificar, encasillar, no sienten interés por saber más, por profundizar. La idea de que las personas dentro del mismo espectro puedan ser tan diferentes unas de otras les resulta tan difícil de asimilar como la teoría de la relatividad. Seguramente has escuchado comentarios como: «Ella no se comporta como autista», «Yo conozco a un niño con autismo, es el hijo del tío del vecino de mi primo, y tu hijo no es como él», o quizá dicen: «Ah, sí, autismo, son esos que se balancean ¿no?».

Es en este punto cuando comienza nuestra labor como padres de informar, de dar a conocer lo que es y lo que no es el autismo.

Muchos de los padres que tienen a sus hijos con autismo incorporados a sistemas escolares regulares, hablan con los profesores y alumnos, en especial hablan con los compañeros de clases de su hijo. Les explican en términos sencillos qué es el autismo, por qué su compañero va a actuar diferente y les pide que lo integren, pero sobre todo que lo respeten.

La educación es el arma más fuerte para luchar contra la ignorancia, la discriminación y la injusticia.

Una lección muy repetida es que una persona no es autista, es una persona con autismo, como una persona que tiene cáncer no es cancerosa, o una persona con síndrome de Down no es una mongólica. Es la base de todas las lecciones a dar.

Otra es que cada niño con autismo es diferente, y aunque hayan visto que el chico de tal película hacía una cosa extraordinaria con computadoras o se sabía todos los teléfonos de una guía telefónica con sólo verlos una vez, no quiere decir que todas las personas con autismo lo hacen. Como a unos chicos les gusta patinar, a otros esquiar y a otros correr, cada persona con autismo tendrá gustos diferentes, tendrá habilidades distintas. Porque eso son, PERSONAS, únicas, individuales, diferentes a todas las demás. Y como toda persona, hay niños con autismo buenos para unas cosas pero con poco talento para otras. La misma Temple Grandin cuenta que ella es pésima para las matemáticas, cuando es una gran diseñadora industrial.

Otra lección importante y primordial, es no permitir que hablen de tu hijo enfrente de él como si no estuviera presente —y no hacerlo tú mismo—, porque éste es un error que solemos cometer muchas veces los padres. Claro, en muchas ocasiones esto es sin mala intención, pero no por ello es menos importante. Recuerda que tu hijo, aunque parezca que está concentrado en el paso de las nubes en el cielo, también está presente en la habitación, escuchando la conversación, y merece el respeto que a toda persona le darías de estar presente.

Él comprende lo que ocurre, y aunque parezca que no, está escuchando cada palabra. Así pues, hazle saber que para ti él es importante, habla tomándolo en cuenta, aunque no responda, hazle preguntas, que sienta que es parte de esa conversación. Tú como padre toma la iniciativa, y verás que los demás te siguen.

Recuerdo de niña que esto sucedió tantas veces, que me es difícil recordarlas todas. La gente hablaba frente a mí, como si yo no estuviera. Y dolía...

Es muy famoso el caso de Carly Fleischmann, una hermosa joven canadiense con autismo. A temprana edad, ella fue diagnosticada con autismo severo y retraso mental, y a pesar de las terapias y ayuda, era incapaz de comunicarse, hasta que un día se sentó frente a una computadora y escribió una palabra. Fue el inicio de una extensa comunicación para esta joven, que ya ha escrito un libro y redacta sus emociones y pensamientos en un blog, donde difunde el autismo. Una de las primeras cosas que ella dijo fue: «La gente me mira y asume que soy tonta, porque no puedo hablar».

Su padre comentaba lo mucho que le dolía el haber discutido y hablado de ella, frente a ella, asumiendo que no les entendía. Y más ahora, cuando es más que claro que entendía todo, y no sólo eso, sino que es una joven extremadamente sensible a la que esas palabras le afectaron profundamente emocionalmente.

Ella dijo: «Soy autista, pero eso no me define. Date el tiempo de conocerme antes de juzgarme. Soy tierna, divertida y me gusta pasarlo bien».

¿Cuántos de nuestros hijos no querrían decir lo mismo...?

Es nuestro deber ser esa voz que los ayude a definirse y darse a conocer como seres humanos, hasta que ellos encuentren la propia. Como padres tenemos el deber de informar, dejarle saber al mundo que nuestros hijos tienen un lugar en este mundo, que es tan valioso como cualquier otra persona y tiene el derecho de estar allí, grite o patalee, nadie tiene derecho de sacarla de ningún lugar, de hablar mal de él o de ella, de hacerlo sentir mal.

Para un niño con autismo, no hay nada más valioso que saberse amado y aceptado por su familia. Yo lo sé en carne propia. Lo sé porque lo veo en los ojos de mi hija; lo han dicho muchas otras personas con autismo...

Es por ello que la aceptación debe comenzar por nosotros, los padres somos los primeros que debemos promover el que nuestro hijo sea aceptado tal como es, educar a nuestros otros hijos, a la familia, a los amigos, y de ahí partir hacia fuera.

Por años otros padres y las mismas personas con autismo han formado un fuerte activo para conseguir que se reconozcan sus derechos como seres humanos iguales, por luchar por la integración y la aceptación en nuestra sociedad. Y es nuestro deber continuar esa lucha.

Y con esto, estoy segura que algún día, conseguiremos un mundo mejor para nuestros hijos.

Un mundo donde la discriminación sea cosa del pasado, y se acepten a las personas con capacidades diferentes en todas partes, donde ya no sean mirados con curiosidad, sino con naturalidad e incluso afecto.

Un mundo donde los jefes sean comprensivos y entiendan que a veces uno llega tarde no porque quieras, sino porque tuviste una mala noche, una mala mañana, un mal momento con tu hijo y te era imposible apartarte de él para llegar puntual a la hora. Las crisis no tienen cronómetro ni horario fijo, ojalá así fuera para planear una agenda. Ojalá los jefes entendieran esto.

Un mundo mejor, donde nuestros hijos sean parte activa de él. Un mundo para ellos y de ellos, que los haga sentirse integrados, comprendidos y por sobre todo, amados.

Ése es mi sueño, mi meta para mi hija. Y hago lo que puedo por conseguirlo. Es una gota de agua en el vasto océano de nuestra sociedad, pero de gota en gota se forma todo el océano.

Hermanos

MARIANITA TIENE UNA HERMANA PEQUEÑA, Y A PESAR de la diferencia de edades entre ellas, son muy cercanas y cariñosas.

Para Marian, la llegada de su hermanita trajo un gran cambio positivo a su vida, y con el paso de los años, ha sido un excelente ejemplo para conseguir superar las metas diarias que teníamos que afrontar.

Desde el momento en que la conoció, Marian estableció un lazo especial con ella. La cuidaba y estaba al pendiente de ella, aunque no pudiera hablar nos dábamos cuenta de lo importante que su hermanita era para ella.

Recuerdo una de las primeras salidas que hicimos sin su hermana menor, Sofi era todavía muy pequeña para sacarla de casa, hacía frío y debíamos ir al supermercado, por lo que optamos dejar a la pequeña en casa de sus abuelos e ir nosotros tres a la tienda. En cuanto subimos al auto, Marian se puso a llorar y quería bajar a la casa, era como si nos dijera: «Esperen, se olvidan de mi hermanita».

Marianita no ha cambiado con los años. En ocasiones pelean, como cualquier hermana, pero para Marian su hermanita sigue siendo tan importante como antes, y se muestra igual de protectora. Por ejemplo: si llegamos a regañar a su hermanita por algo, Marian se enfada y grita o nos pega, se molesta porque reprendimos a su hermana. O si cree que su hermana está incómoda, se esfuerza por ponerla cómoda, a pesar de que para su hermanita eso esté bien. Por ejemplo, a Marian no le gustan los pantalones largos de mezclilla, y en los días de calor sencillamente no los soporta, por lo que si su hermana se está poniendo un par de jeans, Marian intentará quitárselos y llorará hasta que su hermana no se los haya cambiado por algo más cómodo, según su forma de pensar. Aun si su hermanita es la que ha optado por sí misma a querer usar esos dichosos pantalones.

Para Marian, si a ella no le gusta, tampoco debe gustarle a su hermana y debe evitarle «la crueldad» de tener que usar tan terrible prenda de vestir.

En ocasiones, los hermanos de niños con autismo pueden sentirse desplazados debido a la atención que sus hermanos requieren. Sin importar si son mayores o menores a ellos, la situación puede volverse complicada y crear un verdadero problema a la larga.

Me ha tocado conocer varias familias donde los hermanos, mayores o menores, se sentían enojados con la familia y con el hermano especial, debido al tiempo que los padres debían dedicarle al otro. Muchas veces, decisiones que deben tomarse para el beneficio del hijo con autismo, como mudarse de casa o cambiar de ciudad para encontrar mejores servicios y tratamientos, afectan a toda la familia, y en especial a quienes no tienen que ver con el trastorno. Para ellos estas decisiones tomadas por los padres son arbitrarias, sienten que son pasados por alto, que sus sentimientos no son importantes.

Es lógico que lo resientan si no vemos la situación desde su perspectiva. Deben dejar todo su mundo, su vida, amigos o escuela para beneficio de su hermano. ¿Y ellos qué ganan? De todas maneras toda la atención es para el otro hermano.

Debemos tratar con tacto este tema. Como nos ponemos en el lugar de nuestro hijo con autismo, así mismo debemos ponernos en los zapatos de nuestros otros hijos.

Es importante intentar razonar con ellos, integrarlos en la situación de la familia. Porque el autismo es una situación de la familia entera, no sólo de un hermano. Pero debemos hacer esto con cariño y paciencia, intentar averiguar qué pueden estar sintiendo nuestros otros hijos, qué les parece esta situación e intentar compartir sus sentimientos y pensamientos en familia.

Hablar con nuestros hijos debe ser el canal abierto para mantener la comunicación viva con ellos, y así también proteger el vínculo que tenemos con ellos.

Y en lo posible, darle tiempo individual a cada hijo, esto con el fin de hacerlo sentir tan importante como su hermano. Esto a veces puede ser complicado, hablar con un niño o un adolescente puede requerir de mucha paciencia, y más aún cuando nuestra paciencia se ha visto afectada por vivir a diario las complicadas situaciones del autismo. Sin embargo, no podemos quitar el dedo del renglón, éste es un asunto muy importante.

Las relaciones entre los hermanos son muy importantes, en la niñez o siendo adultos, los hermanos son los más sinceros y mejores amigos que se pueden encontrar. La familia en cuyos lazos podemos confiar, pase lo que pase.

Pero estos lazos debemos forjarlos desde la niñez. Y mantenerlos.

Es por esto tan importante conseguir que nuestros hijos mantengan fuerte los lazos, que el autismo no se convierta en una barrera, sino en un puente de conexión entre los hermanos. Una causa común de lucha.

Desde los primeros años debemos educar a nuestros hijos sobre el autismo, tener un hermano especial, lo que se espera de él y los derechos que tiene. Hacerle saber que es tan querido y especial como su hermano para su familia, pero también que necesitamos que sea paciente con las necesidades especiales de su hermano, dejarle claro que habrá ocasiones en las que no podremos prestarle tanta atención como a su hermano o hermana con autismo, pero no por ello debe sentirse menos querido o especial. Y en lo posible, invitarlo a participar en las terapias y la ayuda que podemos darle a nuestro hijo con autismo.

Creo que es importante educar a nuestros hijos en el respeto y la aceptación, y en todo lo posible, hacerlos partícipes del autismo.

A nuestra hija menor, desde muy temprana edad, le hemos enseñado que es tan importante como su hermana. Ella comprende que hay ocasiones en que Marian se pondrá mal y necesitará toda nuestra atención, y cuando esos momentos ocurren, ella intenta ayudar en todo lo posible. Es una niña de cinco años mucho más madura que los otros niños de su edad, y tan alegre y animada como cualquier otro niño. Es extremadamente sociable y se preocupa por los sentimientos de los demás. Es la clase de niña que se detiene en el patio del colegio a consolar a una niña que está llorando, aunque no la conozca. La clase de niña que no soporta que nadie se ría o se burle de los demás. Una pequeña valiente que defiende a su hermana de los comentarios y miradas insidiosos, y amenaza con «darle una patada en los huevos» a quien se atreva a molestarla. Es una niña tan dulce y cariñosa, que cuando su hermana llora, ella la consuela con una canción inventada sólo para ella. Y si su padre o yo llegamos a perder la paciencia y levantar la voz, siempre estará ella con su sabia vocecita infantil para recordarnos que Marian es una niña especial y no debemos molestarnos con ella.

A mi hija la queremos y la mimamos tanto como a su hermana. Hemos procurado explicarle las situaciones cuando se salen de control, cuando su hermana llora en extremo o llega a pegarle. Cuando ha sido necesario, la hemos corregido, pero siempre buscando que comprenda el motivo por el que su hermana actúa así, que es algo que no hace a propósito para lastimarla, sino que no se puede controlar, y lo importante que es que ella no guarde rencor a su hermana en una determinada situación. Y ella lo ha asimilado perfectamente.

Es increíble la sabiduría que puede demostrar un niño, sin importar su edad. Cada vez que tiene la oportunidad, ella intenta educar a otros sobre el autismo y su hermanita.

Mi pequeñita me llena de orgullo, es una gigante preciosa y valiente en el cuerpo de una niñita traviesa y alegre. Y no dudo en recordarle a cada momento lo mucho que la amo y lo muy, muy orgullosa que estoy de ella.

Aunque por lo general realizamos nuestras actividades en familia, también le damos un tiempo privado a ella para divertirnos, escucharla o hacer lo que ella quiera. Uno de nuestros juegos favoritos es inventar historias antes de dormir, ella es una princesa guerrera muy inteligente y valiente que defiende al hada blanca, que es su hermana, y que vive en un mundo donde nadie la comprende, y Sofi debe protegerla y ser su guía. No hay nada que le guste más, ella crea la mayoría de las aventuras de esta princesa guerrera, y de forma inconsciente, crea un lazo más fuerte con su hermanita, que está escuchando con nosotras toda la historia, atenta y participando a su modo.

Considero importante unir a la familia integrando a cada miembro en el autismo y haciendo participar a los hermanos y darles a su vez su propio tiempo e individualidad para recalcar su valía.

No soy una experta psicóloga, es un consejo de madre que les doy desde el fondo de mi corazón.

Otros padres de familia con autismo: un apoyo incondicional

A LO LARGO DE ESTE CAMINO, HEMOS CONOCIDO A MU-
chas personas buenas que nos han ayudado a conocer el
autismo y crecer como seres humanos. Padres como nosotros, que tienen hijos diagnosticados y comprenden la lucha que vivimos, que comparten nuestras experiencias, y
que aunque a veces no tengamos el mismo punto de vista ante un tema como los tratamientos o el modo de tratar
a nuestros pequeños, compartimos el mismo entusiasmo
por sacarlos adelante.

La opinión de otros padres de familia ha sido para nosotros una guía importante en nuestro propio sendero
de autismo. Ellos pueden aportar un entendimiento que
por lo general no conseguirás con otras personas, además de ofrecerte consejos invaluables, que ningún médico será capaz de darte.

A lo largo de los años, nos hemos ido quedando solos como familia. Los amigos de antaño desaparecieron…
no todos quieren la experiencia de un niño con autismo
en sus vidas.

Pero bien se dice que así se conocen a los verdaderos
amigos, y aunque no les guardamos ningún rencor, sí

valoramos a aquellos que se han quedado, y también a los nuevos amigos que hemos hecho en este camino, aquellos que tienen el corazón grande y la entrega para conocer a una familia con un niño especial y no temen integrarse y formar parte de esta travesía.

Recuerdo uno de los primeros centros de autismo a los que acudimos con nuestra hija, cuando teníamos muy poco tiempo de conocer su diagnóstico, y por lo mismo, estábamos asimilando esta nueva realidad. Todo lo que nos decían sobre el autismo nos resultaba raro y desconocido. Y así fue como llegamos a este lugar, donde había muchos padres de adolescentes, cuyos caminos fueron mucho más difíciles que el nuestro al tocarles tiempos donde el autismo era aún menos conocido.

Noté que algunos de esos padres daban la impresión de estar amargados, tristes, incluso derrotados. Otros mantenían el espíritu fuerte, la lucha por sacar a sus hijos adelante, con el alma viva y entregados a la causa, al deseo de ayudar a padres primerizos como nosotros.

Fue gracias a estos padres que comenzamos a encaminarnos hacia la senda correcta, la de la esperanza, la entrega y el amor incondicional.

Recuerdo con una sonrisa en el rostro, la alegría y fortaleza de una madre que era capaz de reír cuando su hijo le contaba a todo el mundo de grito en grito que ella se había rasurado las piernas esa mañana con el rastrillo de su papá. Ella habló con su hijo para que dejara de decir eso y siguió platicando con una sonrisa, sin molestarse, alterarse o sin sentir vergüenza alguna.

A lo largo del tiempo he conocido a muchos padres diferentes. Unos están completamente entregados a la causa de su hijo, son como locomotoras: fuertes y constantes, no se rinden y continúan andando pase lo que pase, fijos en el riel para ayudar a su hijo. Con esta clase de padres necesitamos juntarnos y aprenderles lo más que podamos. Son guerreros que luchan día a día por el ser que más aman, y no permiten que nada ni nadie trunque su senda.

Con el tiempo comprendí que el dar la vida por un hijo no es morir por él, sino darles vida, cada día, cada minuto. Eso es lo que realmente significa dar tu vida por alguien. Y es lo que los padres de niños especiales hacemos cada día. Es lo que hago por mi hija.

En este camino he conocido a muchas madres que han resultado ser unas guías fabulosas, fuentes indomables de energía de quienes aprender.

Recuerdo con cariño en especial a una de ellas, Claudia, la primera persona que conocí al llegar a esta ciudad y la primera que me tendió la mano abiertamente para ofrecerme su apoyo y ayuda.

Ella ha sido una de mis más grandes guías en esta senda del autismo.

Esta mamá guerrera no sólo me dio la bienvenida a esta tierra nada más por llegar, sino que, sin siquiera conocerme, confió en mí para ayudarme en todo lo posible. Y esto fue porque teníamos una conexión que nos unía: ambas teníamos una hija con autismo.

Desde entonces ha sido una amiga incondicional, una luz que apareció de la nada y que me ha iluminado en este sendero con su mano aguerrida y paciente, por la que nunca dejaré de estar agradecida al cielo.

Ella ha conseguido enormes mejoras con su hija, quien prácticamente ya no demuestra características del espectro autista, gracias al duro trabajo que ha hecho con ella desde que era muy pequeña. Incansable guerrera, no ha parado de llevar a terapias a su hija, de buscar apoyos, nuevas teorías y recomendaciones para los niños con autismo. Ahora se dedica a apoyar a otras madres, organiza charlas y convoca a juntas para aprender sobre nuevos temas que ayuden a nuestros hijos. Como dije, es una guerrera indomable. Una guerrera de quien he aprendido mucho y sigo aprendiendo.

No todos los padres piensan igual sobre los tratamientos o terapias a seguir. No debes olvidar mantener tu oído fijo en tu propia voz, en tus pensamientos, en tu ser. La decisión que tú tomes para tu hijo será la más importante, y no debes permitir que nadie te afecte en ella.

Pero si quieres escuchar el consejo de esta madre, creo sinceramente que lo más importante para tu hijo es la aceptación: acéptalo como es, ámalo como es y gózalo como es.

Los días negros

ES ASÍ COMO LLAMO A LOS DÍAS MALOS, LOS DÍAS EN QUE nada parece salir bien, los días en que por más esfuerzos y empeño que pones en que salgan bien las rutinas, todo parece ir en tu contra.

Como todo en la vida, en el autismo hay muchos altibajos.

Sí, habrá días en los que todo parecerá ir mal y querrás tirar la toalla. A todos nos pasa. No te sientas mal padre, es natural que te sientas así. Somos simples humanos luchando por una gran causa. Pero esa causa es tu hijo, y por ello es que vale el esfuerzo.

Sin duda, pocas cosas en el mundo valen tanto la pena como luchar por tu hijo, y es de él de quien obtendrás la fuerza para hacerlo. Cada vez que veas su sonrisa, la luz de sus ojos, su rostro infantil lleno de amor, recordarás el porqué de hacer todo esto y encontrarás nuevos bríos para seguir luchando y salir adelante.

Los logros son lentos, a veces escasos. En grados de autismo tan elevado como el de mi hija, cada paso hacia adelante conlleva un esfuerzo mayúsculo, y muchas veces por cada paso hacia adelante, hay dos hacia atrás. Les llamamos pasitos de pollo, igual que ese juego infantil donde avanzabas dos pasos en línea recta y después dabas un salto hacia atrás. Al final parecía que nunca avanzabas…

Con Marian tenemos muchas frustraciones como padres, como familia, momentos de enojo, de cansancio, momentos en que queremos tirar la toalla.

Cuando ella estaba pequeña no había forma de mantenerla quieta. Las rutinas diarias de higiene se convertían en luchas de guerra; llevar a cabo tareas simples, como limpiar la casa, era casi imposible. Recuerdo que debía arreglar una misma cama tres veces o más, porque a ella le gustaba deshacerla cuando yo terminaba de tenderla.

Ahora que es más grande, se ha vuelto sedentaria y es difícil moverla de la silla o de la cama. Está entrando en la etapa de la adolescencia, y como una completa adolescente, no le gusta que uno le dé órdenes, no quiere obedecer, se rehúsa a trabajar en las tareas de la escuela y cosas que antes eran tan simples como salir a dar la vuelta, se han vuelto misiones casi imposibles.

Hace poco debíamos salir las tres y caminar hacia la escuela, una distancia corta en realidad, y de pronto todo se transformó en un gran problema: Marian sencillamente se negó a moverse. No quería salir de casa, así de simple. No sin el auto de papá. Y era una situación donde no tenía opciones, pues debía estar en una cita del colegio de Sofi, y nadie se podía quedar con Marian, debía acompañarnos… Fue frustrante, y como una persona con autismo, también fue muy difícil para mí. Las situaciones que se salen de control son parte los retos que debo superar todavía. Aquella mañana, el tiempo pasaba, la hora de la cita estaba encima y Marian no se movía… No me quedó otra opción más que cargarla en brazos. Y hacer esto con una niña de diez años que me supera el hombro, no fue sencillo. Además, olvidé ponerme cinturón y el pantalón se me iba bajando. La gente me observaba en la calle, la frustración me agobiaba y el maldito pantalón me iba dejando al descubierto más piel de la debida...

Quería gritar, llorar, golpear una almohada hasta dejarla sin relleno. Tenía mucha, mucha rabia y la frustración me agobiaba... Pero no me rendí. Llegamos a la cita. Sudorosa, cansada y con Marian de buen humor porque conseguimos dar un paseo en un caballito improvisado.

Creo que esta es la enseñanza más importante del autismo. No rendirte, seguir luchando, seguir a pesar de todo, de las lágrimas y el enojo, seguir hasta llegar a la meta.

Y cada día traerá una meta diferente, así que, ¡ánimo!

Las tabletas electrónicas son un invento maravilloso, con ellas muchos niños con autismo consiguen comunicarse y les ayuda de diversas maneras. Pero como le pasa a todo el mundo, pueden convertirse en una adicción. Hoy en día es una realidad que cada vez quedan menos personas con la capacidad de mantener la vista lejos de alguna pantalla, lo notamos cuando hay comidas familiares, en una conversación entre amigas en el café, en la calle, el transporte público, en los parques... es casi imposible encontrar a una sola persona que no esté conectada a una pantalla o a un aparato con audífonos que los mantengan alejados de la realidad, absortos en su propio mundo. ¿No es así como definían a las personas con autismo? Personas ajenas a la realidad... Pues creo que la mayoría del mundo vive así.

Con Marian hemos tenido algunos progresos al darle una de estas tabletas. Tenemos la esperanza de conseguir un modo de comunicación, pero mientras ella la utiliza para jugar. Sin embargo, mantenerla alejada de esa tableta se ha vuelto una misión peligrosa y casi de terror…

En el momento en que se le acaba la pila al aparato, comienzan los gritos, los golpes, la desesperación. Le es imposible comprender que la tablet debe cargarse para que ella pueda volver a ocuparla. Hemos tenido que reforzar al dichoso aparato con una carcasa —por cierto, nos costó mucho dinero— porque ella tiene la mala costumbre de lanzarla lejos, tipo platillo volador, cada vez que se enoja.

La amonestamos, por supuesto, la castigamos quitándole un tiempo el aparato, pero como pasa tantas veces en el autismo, esto ha vuelto a suceder.

Los días negros son difíciles en extremo. Muchas veces somos las madres las que sufrimos la mayoría de las consecuencias de ellos.

Y en ocasiones los días negros se extienden a noches negras.

Los padres de hijos con autismo sabemos muy bien lo que es una noche en vela. Pasarla vagando de un lado a otro de la casa, intentando hacer conciliar el sueño a nuestro hijo con autismo.

Ellos pueden llorar sin control, a veces agredirse o intentar pegarnos a nosotros. Es importante mantener la calma, no enojarnos. Si es necesario, salir de la habitación, tomar un respiro y volver cuando los ánimos se hayan apaciguado un poco.

De nada sirve gritarle a tu hijo cuando está en este estado. Recuerda que para él es un momento tan difícil como para ti, quizá mucho más. Por dentro, en el interior de su cuerpo, está pasando un momento muy duro. Muchas veces los niños con autismo que pueden comunicarse, expresan que una sensación de hormigas o llamas de fuego recorren su cuerpo o cabeza, y explican que les es imposible dejar de golpearse.

Ellos están viviendo un momento muy difícil y doloroso, no hay que hacerlo más complicado. Eres su padre, ¿quién lo va a comprender más que tú? ¿Quién lo va a defender del mundo, intolerante y egoísta, si no lo haces tú?

Lo primero que tu hijo necesita de ti es amor y aceptación, recuérdalo. En esos momentos intenta comprenderlo, darle tu cariño, acéptalo tal cual es. Si no te permite tocarlo, dile con palabras, con expresiones, cuánto lo amas, que estás con él.

Y recuerda, no te enfades, no ganarás nada, pero si lo haces puedes perder mucho. Tu hijo confía en ti. No pierdas esa confianza. Los golpes no resuelven nada, recuérdalo. A veces, por el mismo trastorno, ellos no sienten al mismo grado que otras personas, pero podrías hacerle mucho daño a tu hijo sin quererlo.

Recuerda, lo mejor es salir de la habitación si sientes que has perdido el control y trata de recuperarte. Tu hijo te necesita entero y con la mente fría. No permitas que los días negros nublen tu juicio o tu ánimo, que siempre el amor hacia tu hijo sea tu guía.

Todos los padres vivimos esta clase de días negros con nuestros hijos. Y lo peor, es que a veces los días se convierten en semanas o meses.

Un excelente terapeuta nos comentó una vez que para ellos a veces es divertido vernos enfadarnos. Visuales por naturaleza, para ellos es todo un show ver nuestros rostros alterarse, cambiar de colores, vernos gesticular y movernos como monigotes.

Intenten verlo desde su perspectiva, imagínense a sí mismos enojados o quizá a otra persona. Imagínenlo ampliado y sin sonido, una cara enrojeciéndose e hinchándose, pasando del rojo al morado, tal vez una vena hinchada en la frente, la boca abierta en gritos que no escuchas, los ojos muy abiertos y saltones en las órbitas... ¿Increíble, no?

Para un niño con autismo, que a veces todo sucede a su alrededor de forma monótona, esto puede parecer toda una faena de diversión. Y no dejará de hacer todo lo posible para que se repita.

En algunos casos, lo hacen para llamar la atención de los padres, como cualquier otro niño. Desean dejar de ser pasados por alto para tener todos los reflectores: quieren ser tomados en cuenta, y si es ésta la única manera con la que consiguen de sus padres para que les presten atención, repetirán ese acto con esa misma intención. Recuerden: nuestros hijos son muy listos.

Y como me dicen constantemente las terapeutas y maestras de Marian, saben muy bien tomarnos la medida. Como cualquier otro niño. Quizás un poco más, recuerden que nuestros hijos son muy listos y observadores, no se les va un detalle. Así, pues, cuando ocurra uno de estos incidentes, lo mejor es no hacer ninguna exageración.

¿Se puso a jugar con el contenido de su pañal y embarró la pared con caca otra vez? Muy bien, no pasa nada, lo limpias y se acabó. No hagas nada más.

¿Se orinó de nuevo en el piso? Seca la orina y no te enojes.

¿Tomó tu estuche de sombras carísimo e hizo grandes obras de arte en la pared? Límpialo, compra nuevas sombras cuando tengas oportunidad y la próxima vez mantenlas lejos de su alcance. Pero recuerda: no te molestes con tu hijo.

Es cierto que con el tiempo dejan de hacer eso que tanto nos molestaba si no le prestamos mayor atención. Y en cambio, haz mucho caso cuando tu hijo haga algo positivo. Elógialo, prémialo con besos y abrazos si te lo permite, dile lo guapo o listo que es. Para ellos esto es muy importante.

Aún puedo recordar muy bien cuando mi hija manchaba todas las paredes con excremento, le parecía de lo más divertido. Lo sacaba de su bacinica o de su pañal, ¡y directo a las paredes, a las manos, a la ropa y a donde pudiera alcanzar! ¡Era asqueroso!

Pero con los años aprendimos a corregir esto. Ahora la acompaño al baño, le doy las instrucciones, sólo guiándola: haz esto con el papel, límpiate así, tira el papel aquí, jala la cadena, lávate las manos. La ayudo si lo necesita, aunque generalmente ella lo hace. Y con el tiempo seguirá aprendiendo hasta hacerse completamente independiente, que es nuestra meta.

Cada día, bueno o malo, recuerdo que nuestro objetivo es que nuestra hija sea independiente y feliz. No importa qué tantos logros consiga. He aprendido que de nada sirve compararme con otras madres o los logros que tienen sus hijos en comparación con la mía. Yo soy yo y mi hija es mi hija. Hacemos lo que podemos en nuestro camino, nadie está viviendo nuestra situación, nuestra realidad.

Los otros niños, aunque tengan autismo, son muy diferentes a mi hija. Porque Marian es única.

Así pues, me recuerdo que la meta que tengo para Marian, y también para mi otra hija, es que sea feliz.

¿No es esto, al fin de cuentas, lo que todos los padres deseamos para nuestros hijos?

Que sean felices.

Y es ésa nuestra meta principal. Si Marian consigue o no un día llegar a ser completamente independiente, no importa, lo principal es que ella sea feliz. Si algún día llega a graduarse o no de la universidad, no importa: que sea feliz.

Nos preocupa el momento en que nosotros ya no estemos para cuidarla, pero nos preparamos para eso también. No sirve de nada preocuparte sin hacer nada.

Le hemos enseñado a nuestra otra hijita que tal vez algún día ella sea responsable de ver por el bienestar de su hermana, pero como lo haría cualquier otra hermana de una familia unida. No es nuestra intención cargarle responsabilidades, ella tiene derecho a vivir la vida que desee. Pero como todo hermano, también tiene el deber de preocuparse por su familia. Si algún día Marian vive sola o en un centro especializado, o quizá con su hermana, eso dependerá de ellas. Nosotros tenemos la firme intención de dejarle un fondo económico para su futuro, para que al menos la carga económica no pese tanto, y en cuanto al deseo, nuestra hija pequeña ama con todo su corazón a su hermana, le hemos ido enseñando sobre el autismo y educando sobre las necesidades especiales. Sabemos que nuestra hija está aprendiendo mucho, quizá mucho más de lo que lo haría cualquier otro niño en una situación «normal», sin hermanos especiales a su alrededor. Está aprendiendo a tolerar, a ser abierta de mente y corazón, a perdonar y no tomarse a pecho las cosas sin importancia, a defender a quien lo necesita, como al inocente que no puede hacerlo por sí mismo, y sobre todo, está aprendiendo a ser feliz.

Nuestra hija pequeña es muy feliz. Una niña que no deja de sonreír, hacer travesuras y de querer a su hermana tal como es.

Es importante que como padres dejemos a un lado nuestras propias frustraciones, preocupaciones y enojos, y nos centremos en encontrar la manera de llevar la paz a nuestra vida, esto nos ayudará a ser felices.

Si tu hijo te percibe en calma, él también se calmará. Es algo natural.

Si te llegas a sentir demasiado tenso o enojado, frustrado o incluso deprimido, busca la manera de sacar esto de tu interior. Usa las técnicas de golpear un cojín o escribir una carta que luego quemarás.

Cada quien sabe lo que le gusta, lo que le ayuda a combatir el estrés. Medita, conócete a ti mismo, date tu tiempo para lidiar con lo que sientes y sacar aquellas cargas de energía negativa que estás agobiándote por dentro.

Corre, canta, baila, pinta… Haz aquello que te haga feliz. Date un momento sólo para ti y para liberarte de lo que te aqueja, de la cotidianidad que a veces pesa tanto como una yunta de bueyes pegada al cuello.

No te quedes adentro con el enojo, eso sólo te hará daño, te debilitará y carcomerá interiormente.

Debes buscar el modo de sacarlo para vivir una vida plena y feliz.

Sólo teniendo un buen equilibrio interior podrás ayudar a tu hijo.

Mamás osas defendiendo a su cachorro del lado cruel del mundo

EL DALAI LAMA DIJO: «EL MEDIO PARA HACER CAMBIAR de opinión es el afecto, no la ira».

Como padres de un hijo con autismo, muchas veces nos vamos a enfrentar con obstáculos que no habríamos conocido si no transitáramos por este sendero del autismo.

Es importante informarse y mantenernos unidos como familia, como pareja, como padres e hijos de nuestros pequeños con autismo. Sólo de este modo nos mostraremos como un frente unido, una barrera sólida que no se desmoronará con las dificultades que nos podamos encontrar.

Y es importante que tú te mantengas fuerte, pues muchas veces te tocará luchar contra ideas preconcebidas que no te parecerán.

Un caso famoso es el de Jacob Barnett y que podemos tomar como ejemplo para asegurar que una madre siempre elegirá lo mejor para su hijo. Jacob es un chico de Indiana, Estados Unidos, con autismo. A sus diecisiete años posee un coeficiente intelectual superior al de Einstein.

Su madre contaba en una entrevista que cuando él era pequeño ella vivió muchas dificultades para encontrar una educación adecuada para su hijo. De algún modo, supo que ciertas escuelas no le ofrecían lo suficiente para él. Pese a las críticas, decidió educar a su hijo en casa, considerando que lo mejor para Jacob era darle su espacio y aprender a su modo. Fortalecer aquello en que era bueno, aquello que le era interesante.

Ella decidió ocuparse de la educación de Jacob y prepararlo para entrar a la escuela con otros niños. Esta decisión fue trascendental para el futuro de su hijo, que hoy es una promesa para ganar el premio Nobel. Y ella comenta con orgullo que el secreto para ayudarle a brillar fue aprovechar sus cualidades y permitir al niño hacer lo que mejor sabía. «¿Por qué nos empeñábamos en arreglar a Jacob?, cada vez se encerraba más en sí mismo, se acurrucaba entre libros en los rincones de la casa y ya no jugaba con sus amigos. El secreto para ayudarle a brillar fue centrarse en los aspectos positivos de Jacob y permitir al niño hacer lo que mejor sabía: llenar el suelo y las paredes de modelos matemáticos».

Esta madre siguió su instinto para decidir qué era lo mejor para su hijo y lo consiguió.

Por eso reitero lo importante que es buscar la manera de conectar con nuestros hijos, de apoyarlos e impulsarlos, pero a su propio ritmo, de motivar aquello que a ellos les interese y ayudarlos a ser mejores en ello.

Lo más probable es que nuestros hijos no lleguen a superar a Einstein, pero sin duda son geniales a su manera en aquello que les guste hacer. Lo importante es apoyarlos e incitarlos a continuar con aquellas actividades que les resulten interesantes.

Recuerdo una madre que recién comenzaba su camino del autismo al lado de su hijo de dos años. Ella mantuvo una discusión acalorada conmigo porque no estaba de acuerdo con mi forma de pensar, con mi idea de mantener a mi hija en un colegio especializado. A su modo de ver, estaba condenando a mi hija a un futuro desastroso: «¿Acaso quieres verla como un mueble en tu casa?», me dijo bastante enojada.

Era una de esas personas que no admitían opiniones diferentes a la suya, a pesar de que ella apenas comenzaba a caminar por esta senda, a pesar de que su hijo tenía apenas dos años y con dificultad se diferenciaba de cualquier otro niño, tan distinto a mi hija de ocho en aquel entonces, que no hablaba, que apenas aprendía a controlar esfínteres y con quien llevábamos un programa de terapias con avances pausados y lentos. De haber cedido a los intentos de esta mujer de hacerme sentir como una mala madre, habría sometido a mi hija a una tortura. Los niños de ocho años no sólo hablan y saber ir al baño, lo cual obviamente no se nota mucho en niños de dos años con o sin autismo, sino que también saben leer, escribir, sumar, restar, están avanzando en las tablas de multiplicar y conocimientos de ciencia, entre otras cosas. ¿Qué podría esperar que hiciera mi hijita en ese lugar?

No puedo dar saltos sólo para complacer el ego de una extraña o el mío de madre herida. Mi hija avanzará a su ritmo, le guste a ella o a mí, no puedo forzarla a hacer cosas para las que no está lista.

Pero viniendo de una mujer que aseguró que le daría caca a su hijo si eso lo curara, no me extraña.

Hay que tomar las cosas de quien vienen. Habrá presiones en todas partes, las comparaciones surgirán y siempre habrá alguien que crea que estás haciendo mal las cosas.

> *No pierdas la fe en ti mismo.*
> *Manténte firme en lo que crees.*

Yo no hice caso de esa mujer, mi camino por esta senda ha sido mucho más largo que el de ella, nuestros hijos son diferentes y no es la primera persona que me topo con ese tipo de mentalidad, y seguramente no será la última. Pero ya tengo la fortaleza para mantenerme firme en mis creencias, para saber que hago todo lo que me es humanamente posible para ayudar a mi hija, que es única y diferente a todos los otros niños, con o sin autismo, y que nuestros avances son logros gigantescos, aunque a los ojos de otros sean mínimos, y me alegro por ellos. Y por sobre todo, felicito a mi hija por ellos.

En estos casos es cuando es más importante que nunca mantenerte firme con tus propias creencias y tu deseo de ayudar a tu hijo. Recuerda que no todos los caminos son los adecuados para tu hijo, y es tu deber como madre o padre elegir el mejor.

Tranquilo, eres humano y posiblemente te equivoques a veces. Y siempre se puede rectificar. Como me decía una amiga: «Si no me gusta una terapia, la cambio».

Y tiene razón. No tenemos por qué quedarnos anclados en algo que no nos convence. Tienes todo el derecho a cambiar de senda si ésa no te gusta, si no te convence un tratamiento o una terapia porque no ves resultados; puedes cambiar después de haberla probado un tiempo. Es lógico y razonable.

Sin embargo, es importante mantenerte siempre en alerta y no permitir que a tu hijo le hagan lo primero que digan o piensen los médicos o terapeutas, sin considerarlo seriamente antes.

Siempre recuerdo con cariño la historia de Lorenzo, ¿has visto la película *Un milagro para Lorenzo*? Yo la vi más o menos al mismo tiempo que nosotros atravesábamos esta etapa de búsqueda de un diagnóstico. Y tuvo un gran significado para mí. Tanto, que me dediqué por meses a investigar y leer más sobre este niño y sus extraordinarios padres, que dieron todo para encontrar una respuesta y soluciones para ayudar a su hijo y otros niños con el mismo problema de ALD (Adrenoleucodistrofia).

Lo que me llamó tanto la atención de estos papás, es el momento en que el padre le comenta a su esposa que hicieron mal en entregar por completo a su hijo a los médicos sin hacer preguntas. Y a raíz de ello, se pusieron a investigar y a buscar el mejor tratamiento para ayudar a su hijo. Hoy en día, gracias a estos padres que no se dejaron convencer por lo que los médicos les dijeron, se abrió un nuevo campo de estudio y una nueva esperanza para las personas con esta enfermedad.

Me di cuenta que había hecho exactamente lo mismo con mi hija. Me fie de lo que los médicos me dijeron desde un principio. Primero, el pediatra que me aseguraba que no pasaba nada fuera de lo normal con mi hija, y con ello perdí tiempo valioso. Tiempo que nunca podré recuperar. Y luego haciendo caso a cada médico que nos dio un diagnóstico.

Entonces me di cuenta que debía investigar y ver por mí misma lo que era mejor para mi hija, buscar respuestas y por sobre todo, hacer caso a mi intuición de madre. No soy médico ni especialista, pero soy la madre de mi hija, nadie la conoce mejor que yo, y antes de mover un dedo, voy a estudiar todo lo posible al respecto antes de entregar a mi hija a un nuevo tratamiento o terapia. Y si tal terapia no me gusta, la cambiaré por otra. Sin importar las críticas ni lo que me diga la gente, es mi hija y haré lo que yo crea que es mejor para ella.

No estoy diciendo que todos los médicos están equivocados y que no hay que escucharlos, claro que no. Son hombres de ciencia y muchos saben lo que hacen. Pero muchos no. Hay charlatanes allá afuera, y por desgracia, en el camino de un padre que busca ayuda para su hijo, es casi imposible no toparte con esta clase de gente en el camino.

Ten cuidado, fíate de tu instinto, únete a grupos de padres con autismo (hay muchos en Facebook) y pide consejos. En mi experiencia, los consejos de otros padres de familia con niños con autismo han sido invaluables. Y por esto mismo reafirmo mi postura: no entregues ciegamente a tu hijo a un médico o tratamiento. Debes estar siempre pendiente. No lo dejes solo en las terapias, observa, escucha, mantente cerca.

Como padre es crucial estar atentos a nuestros hijos en todo momento. Es una realidad, triste y desgraciada, que muchos pederastas se hacen pasar por gente de buena voluntad, terapeutas o voluntarios para tener acceso a niños. Y nuestros hijos con autismo, con poca o nula capacidad verbal o de comunicación, son un blanco fácil para ellos. Es por esto que es tan importante nunca dejar de estar a su lado, portarnos como madres osas.

¿Han visto los documentales de las mamás osas, que defienden a sus cachorros de todo y de todos con una ferocidad inigualable, incluso de otros osos más grande y fuertes que ellas? Muchas veces comparo a las madres de niños con autismo con ellas. Es así como me siento, como creo que todas las madres de niños especiales son.

Mujeres fuertes, aguerridas, que no se intimidan.

Saca a tu mamá osa cuando debas enfrentarte a estas situaciones. Me ha tocado mil y un veces estar con médicos, terapeutas o lo que sea, que por tener una bata se sienten por encima de ti, que te quieren manipular y tratar como si no supieras nada, ¡no lo permitas! Eres su madre, tienes todo el derecho de permanecer a su lado. Si no entiendes una explicación, haz que te la repitan, no importa lo que se tarden. No permitas que te saquen de una habitación si no tienes confianza de dejar solo a tu hijo con una persona o si no lo conoces lo suficiente, tú eres su padre y tienes el derecho de estar al lado de tu hijo, y si es imposible (por ser un hospital o la terapia lo requiera o algo similar), mantente cerca, que ellos sepan que estás pendiente, que no están con una madre o un padre que permitirá que puedan hacerle algo malo a su hijo.

Obviamente esto no ocurre siempre. Existen más personas buenas que malas en este mundo (aunque a veces no lo parezca), y la mayoría de la gente que está en este rubro de ayuda, terapeutas y médicos, tienen buenas intenciones. Pero nunca está de más ser precavido. Incluso si se trata de algo más sencillo, como una palmada en la mano o un trato que no te agrade, debes estar atento para evitar que cualquier abuso llegue a cometerse.

Ver el mundo con amor a través de los ojos de tu hijo

Me ha tocado muchas veces enfrentarme a creencias acerca de que los niños con autismo no demuestran afecto, están aislados «en su mundo», o no sienten.

Nada más lejos de la verdad. Mi hija es el ser más cariñoso, tierno, sensible e incluso social que puedas imaginar. Sí, tiene autismo. Pero el autismo no define a mi hija.

Con Marian he aprendido que el autismo es un mundo compartido, un mundo nuevo, un mundo que debes aprender a ver a través de sus ojos.

Recuerdo en una ocasión, Marian debía tener unos cinco años y nos encontrábamos en casa de mis padres para uno de los cumpleaños de uno de mis hermanos. Él había hecho una reunión con sus amigos y estaban todos juntos en la sala. Y allí estaba Marian, como el florero central del grupo.

Ella quería estar allí. No había forma de sacarla de ese lugar. Quería estar entre mi hermano y sus amigos. No decía nada, por supuesto, ni siquiera los miraba. Pero estaba allí.

Un amigo de mi hermano le preguntó: «¿No decías que tenía autismo?». No lo podía creer. Los niños con autismo se supone que no son sociables, se supone que no quieren convivir.

Pues ésa fue sólo una de varias ocasiones en las que me pasó esto, porque a Marian le encanta convivir y ser el centro de atención.

Desde pequeña Marian me ha abrazado, dado besos, reído y buscado hacerme feliz. Compartimos un lazo especial, un lazo que nos une como madre e hija. Ella no lo hace con todos, ella sólo abraza a ciertas personas, a las que ella elige. Y cuando lo hace, se gana a las personas. Es un sol, con su sonrisa es capaz de derretir corazones, es una niña cálida y capaz de transmitir emociones sin palabras.

A veces, cuando las presiones me ganan, me decaigo. Soy humana, y a veces los días negros son una verdadera espinilla en el trasero. Además, las personas con Asperger tendemos a tener depresiones, así que también debo luchar contra mis propios demonios cuando esto me sucede y las fuerzas se me agotan. Muchas veces siento ganas de llorar y gritar de frustración, rabia, dolor, tristeza... Y a veces, no puedes hacer más que llorar.

Cuando esto llega a sucederme, Marian siempre está allí. Intento obviamente que ella no se entere, me hago la fuerte ante ella, me escondo en el baño para llorar, pero ella siempre sabe. Me busca, y cuando me encuentra, me abraza. Se queda a mi lado, no se separa de mí. Ella sabe que algo me pasa y me consuela a su manera, con su modo de demostrar todo el gran amor que lleva dentro con una sola mirada, sin necesidad de palabras.

Sobre lo de estar encerrada en su mundo, no es así. A veces ella está tan atenta a lo que sucede, que es imposible ocultarle nada. Incluso ha habido momentos en que he dudado seriamente si no es capaz de leer la mente. Ella puede saber cosas que es imposible que supiera.

Por ejemplo, yo tengo una afición especial al chocolate (lo amo). De vez en cuando, mi marido suele regalarme uno o dos, y me aseguro de esconderlos bien, cuando ella no está presente y en sitios donde no pueda encontrarlos. Por lo general suelo guardar el chocolate dentro de algo, una bolsa, una caja o lo que sea, que impida que ella lo vea. Y me ha pasado incontables veces que al momento de ir a buscar el dulce, encuentro que todo está tal cual lo dejé, la caja o la bolsa exactamente igual a como la había visto la última vez, pero al momento de buscar el chocolate, allí ya sólo se encuentra la envoltura vacía.

¡¿Cómo lo hizo?! ¿Cómo supo dónde encontrarlo? ¿Cómo consiguió dejar todo tal cual estaba antes? ¿Es algo que haría un niño que vive en su propio mundo, sin prestar atención a lo que sucede alrededor? Yo creo que no.

Nuestros hijos son sorprendentes, nunca los subestimes. Cada día pueden sorprenderte con su ingenio.

Muchas veces las personas con autismo suelen ser mucho más sensibles que las personas habituales. Marian siempre está atenta a todo, los problemas le afectan a un grado en que son capaces de alterarla, y por supuesto nota si alguien la pasa por alto.

La gente suele hablar delante de ellos como si no estuviesen presentes. La verdad es que muchas veces nosotros mismos como padres o su familia solemos cometer ese error.

Puede ser que nuestros hijos no sean muy comunicativos verbalmente, pero ellos sienten todo lo que ocurre a su alrededor, y es claro que si no son tomados en cuenta va a herirlos.

Y en un sentido práctico y razonable, si no te toman en cuenta, ¿entonces para qué hacer el esfuerzo de comunicarte con los demás?

Debemos motivar a nuestros hijos a comunicarse con nosotros, a demostrar lo que sienten, lo que piensan, sus deseos. Si ellos consideran que no vale la pena, no lo harán. Es a este dilema en el que muchas veces se refieren algunos especialistas al decir «su mundo». Ellos preferirán mantenerse absortos en sí mismos si nosotros no los impulsamos a expresarse y comunicarse con nosotros, a hacerles saber que es importante y valioso para nosotros establecer un contacto con ellos.

Obviamente para ellos será más sencillo permanecer dentro de sí mismos, más que un mundo interior, yo lo llamaría un refugio interior.

Yo sé en carne propia lo que es esto. De niña sufrí de abusos en el colegio, el bullying no es algo tan nuevo como lo quieren hacer ver, y mucho menos cuando se trata de niños especiales. Al ser yo tan diferente, me convertía en objeto de burlas, golpes y maltratos. Y mi única forma para soportar esto, era abstrayéndome más en mí misma.

Hoy, tantos años después, sigo buscando mi refugio cuando el mundo exterior me sobrepasa. Lo llamo mi huevito, porque como un ave dentro de su cascarón, cálido, silencioso y a salvo, es para mí un sitio de calma donde acudes cuando no soportas más las situaciones. Es un refugio a salvo de los ruidos excesivos del mundo, de miradas hirientes, comentarios insidiosos y de las personas que no los toman en cuenta.

Pero como me refugio en él, sé que debo salir. Es mi refugio para recobrar fuerzas para seguir enfrentando el mundo cada día. Y es esto mismo lo que intento enseñarle a mi hija.

Si nosotros queremos crear un vínculo con nuestros hijos, debemos hacerles saber que es importante para nosotros saber lo que ellos piensan, sienten, desean, que es importante para nosotros que salgan de su refugio personal, que estarán a salvo con nosotros, que serán tomados en cuenta, respetados y queridos si deciden hacerlo.

Temple Grandin ha dicho en varias ocasiones que ella es una pensadora visual. Esto quiere decir que ve el mundo a través de imágenes. La comprensión que percibe del mundo son todas imágenes. De hecho, ella describe su mente como un buscador de Google; mientras que cualquier otra persona al escuchar una palabra, como campanario o caballo, pensará en una idea general de ella y se formará una imagen vaga de la misma, en la mente de Temple se formarán una sucesión de imágenes de todos los campanarios o caballos que haya visto en su vida. Igual como lo haría un buscador de Google.

No todas las personas con autismo son iguales y obviamente no verán las cosas del mismo modo. Sin embargo, es cierto que las imágenes son muy importantes para una persona con autismo. De hecho, es la visión de las cosas, es el estudio detallado de algo lo que abstrae muchas veces a una persona.

Mi hija también se abstrae en la observación de lo que la rodea. Muchas veces noto que se queda absorta observando algo y me sitúo a su lado para ver lo mismo que ella ve.

Ella achica los ojos y hago lo mismo, noto que las formas cambian, nuevas sombras y luces aparecen, es un detalle que me habría pasado por alto por completo de no ser por ella.

En cierta forma, nuestros hijos saben apreciar el mundo como nosotros no lo hacemos. En nuestra frenética rutina diaria, somos incapaces de detenernos a apreciar la belleza de algo tan sencillo como una flor, un pájaro, o los cambios de luz y sombra que puedan sufrir los objetos al cambiar el enfoque de nuestros ojos.

Recuerdo un video que se hizo muy famoso hace un tiempo. En él, un violinista afamado al que la gente pagaba cantidades exorbitantes para oír en un concierto (si es que llegasen a conseguir boletos), se puso a tocar en la calle como un violinista más de los muchos que las personas se topan en su camino. De toda la gente que pasó por allí, los únicos que se detuvieron a escuchar fueron los niños...

Así son nuestros niños con autismo. Pequeños que saben detenerse para observar el mundo que nos rodea desde su muy singular perspectiva y apreciar la belleza que nos rodea.

Recuerdo que de niña podía quedarme horas observando algo; las nubes, las gotas de agua, la forma de cada cosa, desde las flores hasta las rayas de mis manos... Mis favoritas eran las hojas de los árboles meciéndose con el viento, la luz del sol pasando a través de ellas, permitiéndote encontrar la forma de cada una, notar cómo algunas tenían puntas rotas y oscuras, cómo otras eran más verdes o amarillas...

Detalles minúsculos que eran importantes para mí.

Esto me ha ayudado mucho en mi trabajo, describir las cosas como se ven es algo muy importante para un escritor. Mi amor por el arte está basado en esto mismo, el deseo de apreciar la belleza de los colores, las formas, la expresividad que pueda tener una pintura...

Muchos niños con autismo tienen hiperactividad o, por el contrario, una tendencia extrema al sedentarismo. Éste es el caso de mi hija y también el mío.

Existen muchas creencias populares acerca de las personas con autismo, relacionándolas con genios con una memoria increíble y una capacidad matemática estupenda. Esto es cierto en algunos casos, pero no en todos. No por tener un hijo con autismo vas a tener a un súper genio a tu lado. Sin embargo, algo que es verdadero es que probablemente tu hijo demuestre interés en algo que le guste, y ese interés llegue a ser algo similar a una obsesión, pero que a la larga pueda convertirse en una herramienta de trabajo que lo haga sobresalir.

Lo mejor que puedes hacer como padre es permitirle aprender sobre ello y usar ese mismo interés para ampliar su conocimiento. Si a tu hijo le gusta algo, por ejemplo los trenes, los insectos, la informática o la pintura, debes fomentarle a continuar en ello.

De niña siempre me gustaron los libros y el dibujo, y mis padres nunca me pusieron trabas para hacer cuanto quería con ellos, pero eran un premio, algo que debía ganarme, así me esforzaba por mejorar en algo específico, como la escuela o las tareas de la casa, y conseguía satisfacer mi deseo de más libros o pinturas, lápices o lo que fuera. Mi primera colección de libros me la regaló mi papá, pero no toda a la vez. Me daba a elegir un cuento una vez por semana, sólo uno y si había sido buena (y a sus ojos siempre era buena), y de este modo él no sólo fomentó mi amor por la lectura, sino que me impulsaba a esforzarme para mejorar y también valorar lo que me daba. Esos libros eran uno de mis mayores tesoros de niña, me los sabía de memoria y continuamente los releía.

Temple Grandin daba el ejemplo de los aviones; si a tu hijo le gustan los aviones, amplía el conocimiento de los aviones, enséñale nuevos modelos, hay muchos tipos de aviones.

La madre de Jacob comentaba que su hijo se interesó en las estrellas, ella le dio muchos libros sobre el tema y le permitió ser libre en su investigación y anotaciones. Hoy en día ese niño convertido en joven, es una promesa a premio Nobel por sus teorías del universo, pues nunca dejó de interesarse por cómo funcionaba el mundo.

A mi hija le encantan los rompecabezas, y continuamente le fomentamos esa parte. También le gusta mucho bailar y la música, y en la medida de lo posible, intentamos que se siga interesando en ello.

No todos los niños con autismo se van a interesar en lo mismo, por muy inteligentes que sean. A algunos les gustará la ciencia, a otros las matemáticas, a otros el arte, la música o la escritura. Como todas las personas de este mundo, son únicos, seres individuales con sus propios gustos. Y como a cualquier otro hijo, es nuestro deber como padres ayudarles a fomentar sus intereses.

Y otra cosa que es importante como padres, es poner énfasis en lo que nuestro hijo puede hacer y no en lo que no puede hacer.

Usar aquello que a nuestro hijo le gusta y por lo que demuestre interés para incitarlo a aprender. Una mente con autismo es muy detallista.

A mí, por ejemplo, me gustaba poner colores en todos mis cuadernos en la escuela, aunque fuera matemáticas o física, le ponía colores por todas partes. No había realmente una diferencia significativa en cuanto a conocimiento si no lo hubiese hecho, pero para mí era importante hacerlo, me ayudaba a comprender mejor las cosas cuando estudiaba. Sin colores, todo parecía igual, un mar de letras sin sentido. Los colores me ayudaban a poner patrones, orden en mi mente, me ayudaban a aprender.

Si a tu hijo le gustan los colores, los animales, los trenes o aviones, puedes usarlos para incitarlo a aprender. Usar un libro que le guste o un juguete al que le tenga especial interés para llamar su atención. Con mi hija muchas veces usamos esta alternativa. Ponemos algo que le guste, como un libro, ante ella y nosotros estamos del otro lado, cara a cara, y de ese modo guiamos su atención hasta nosotros, buscando un contacto con ella.

Pero siempre recuerda mantener la paciencia, si no funciona la primera o la segunda, o hasta la décima vez, no te rindas. Es importante para tu hijo que te mantengas interesado, que creas en él. Tu hijo se da cuenta de ello, lo demuestre o no.

Y sin olvidar reforzar aquello en que nuestros hijos sean buenos, sin presionarlos.

Algo que mí fue muy frustrante fue sociabilizar. De niña no tenía amigos. Y es que siempre fui en extremo tímida y callada.

Éste es un tema que todavía me cuesta, pero que he ido superando en gran medida, y es gracias a mis padres que nunca me permitieron aislarme. Me daban tiempo para mi soledad, lo necesario, pero a su vez, me impulsaban a salir de mi ostracismo, y junto a mis hermanos, fueron una base sumamente importante para aprender a lidiar con mi excesiva timidez y falta de interés por socializar.

Ahora, viendo atrás, me doy cuenta de las ventajas y desventajas que mi vida ha tenido habiendo vivido con el autismo como compañero. Y realmente, gracias al apoyo de mi familia, es que creo que han sido más ventajas que desventajas.

Incluso el no tener facilidad verbal me ha servido para poder expresarme mejor, porque he conseguido hacerlo a través de la escritura. Puedo tener cientos de pensamientos en mi mente, y entre mi mente y mis manos existe una conexión inmediata. Puedo escribir con facilidad todo lo que llevo en mi interior.

Ahora puedo hablar mucho mejor, pero de niña y durante mi adolescencia, no poder expresarme correctamente fue mi mayor obstáculo a superar.

Recuerdo pensar que me faltaba un cable de conexión entre mi cerebro y mis labios. Muchas veces no salía nada, otras veces salían palabras que no tenía la intención de decir. Incluso ahora, a veces me ocurre que repito lo que la gente dice (momentos de ecolalia). Recuerdo una ocasión, a los quince o dieciséis años, cuando acompañaba a mi madre al supermercado. Ella iba adelante, y yo, cansada después de un largo día en el colegio, la seguía por uno de los pasillos de abarrote. No pensaba en nada, pero en el momento en que un anciano pasó junto con su esposa por mi lado, escuché cómo él le recordaba: «Debemos comprar jamón de pavo». Y yo, en un acto que NUNCA quise cometer, lo remedé con una voz particularmente gangosa y bastante parecida a la de un perico insidioso: ¡jamooón de pavo!

¡Fue muy humillante! Tanto, que no supe ni cómo disculparme, ¿cómo le decía a ese señor que lo sentía, que lo había remedado pero que no fue a propósito, ni siquiera el tonito molesto…? ¿Quién iba a creer que no lo hice con mala intención? ¡De hecho no tenía ninguna intención! Sólo seguía a mi madre y eso pasó. Y si ese hombre de casualidad está leyendo esto, de verdad lo siento mucho. No quería burlarme de nadie, nunca lo haría. Sencillamente sucedió.

Ahora sé que esto fue a causa del autismo. Pero en ese entonces sólo pensaba: «¿Qué demonios pasa conmigo?»

Como éste, he tenido otros capítulos semejantes en mi vida, donde el autismo asume el control por encima de mí.

Pero también he tenido muchos otros que han sido agradables, de los que he aprendido mucho, de los que me he hecho más sensible, una mejor persona, un mejor ser humano. Y es este mismo pensamiento el que aplico con mi hija.

No es importante enfocarse en el pasado y escarbar en las heridas, sino sacar a relucir lo mejor de cada uno y buscar la manera de corregir los problemas que todavía nos afectan en el presente.

Y esto aplica para todos, con o sin autismo.

En mi caso, el autismo me ha servido muchísimo para cumplir mis sueños, como el convertirme en autora. El ser tan sensible e introvertida, además de tener un amor especial por los libros y las letras, me ha conducido por una buena senda para tener una carrera de escritora. El ser observadora me ha ayudado a analizar tanto físicamente como psicológicamente el comportamiento de las personas, algo que es muy importante al relatar una historia y entrelazar los hilos de la personalidad de un personaje. Una de mis mayores habilidades desde niña es razonarlo todo, y esto también me ha ayudado a lo largo de mi vida y en la escritura. El tener una buena memoria para la historia y un interés desmesurado en ciertos temas, me ha ayudado a tener información y documentación para los libros. El gusto por el dibujo y tener una mente visual me ha ayudado a ver las historias en mi mente, como si fueran reales. Si me atoro en un diálogo o en una trama de la novela, hago un dibujo de lo que tengo en mente que debería suceder, y entonces puedo continuar. Así y de muchos otros modos, he aprendido a usar las características de mi propio autismo en mi ventaja.

Como cientos de otras personas lo han hecho también en sus vidas.

Y como posiblemente podrán hacerlo sus hijos.

Si no llegan a destacar, no importa. Son sus hijos y es importante para ellos que ustedes los acepten y amen como son. Recuerden, aunque no lo demuestren, les importa su opinión y mucho lo que ustedes piensen de ellos. Que los acepten y amen como son.

El programa Son-Rise da especial importancia a esto. Y recuerden que fue creado por unos padres que no se dejaron llevar por las palabras de los médicos y decidieron ayudar a su hijo por sí mismos, con nada más que terapia, paciencia, tiempo y amor.

Conectando con mi hija

A VECES EL MUNDO DEL AUTISMO PUEDE PARECER DES-
concertante y hasta un poco aterrador.

No debemos olvidar que si nosotros sentimos esto,
nuestros hijos lo sentirán mucho más, ellos son mucho
más sensibles que nosotros, y si nos notan alterados o ner-
viosos, ellos también se pondrán así.

Nosotros somos su fuerte, su base, su soporte de esta-
bilidad en el que se deben poner de pie.

Es por esto tan importante estar preparados lo mejor que nos sea posible para ayudar a nuestros hijos a salir adelante, a enfrentar el mundo, a no sentirse mal por
lo que debe vivir cada día.

Es algo ya bastante conocido que en el autismo se sufre de depresión y ansiedad.

Muchas veces podemos notar a nuestros hijos ponerse
ansiosos cuando algo cambia en su entorno, en su rutina, cuando debemos salir a sitios desconocidos para ellos,
enfrentar cosas o circunstancias nuevas.

Es por este motivo importante prepararlos, anticipar-
les lo que va a suceder, de ser posible enseñarles imágenes
de a dónde van a ir y lo que van a hacer allí.

Mi hija, por ejemplo, si va a salir de compras con nosotros, le gusta ir a cierto supermercado, porque es el que conoce y con el que se siente familiarizada. Es por esto que intentamos ir siempre al mismo lugar, ya que a ella le resulta mucho menos estresante.

Marian ya sabe que allí debe comportarse, y al final obtiene una recompensa, por lo general le compraremos unas papas fritas. Es su premio por haber sido una buena niña. Y no puede faltar, o ella asumirá que hemos roto el trato.

Esta rutina está tan afianzada a ella, que no importa a dónde vayamos, si salimos tenemos que detenernos en el supermercado específico y comprar las papas. Ella se comportará si cumplimos con nuestra parte del trato.

No le gustan otras tiendas ni otros supermercados, muchas veces nos ha pasado que se pone a gritar y a llorar si no reconoce el lugar. En ocasiones debemos ponernos firmes y con cariño le hacemos ver que nada malo ocurre, y al final accede a acompañarnos. En otras ocasiones no nos ha dado resultado, hay sitios donde sencillamente se niega a entrar, por lo que no podemos ir allí y los hemos descartado de nuestros destinos. Seguimos trabajando en ello, poco a poco, paso a paso, para que en un futuro podamos ir a donde sea sin problema.

Éste será el camino que constantemente viviremos con nuestros hijos. A veces será más sencillo o a veces más difícil, dependerá de nuestros hijos. Cada uno es diferente, y debemos esforzarnos como padres para ver las cosas desde su perspectiva.

Adelantarnos a lo que puede suceder es una idea muy buena. Desde que Marian aprendió a caminar he sabido que tengo que estar al pendiente de las fuentes de agua, pues la atraen como abejas a la miel. Por lo mismo, a donde iba siempre procuraba llevar una muda de ropa, sabiendo que si ella llegaba a toparse con el más mínimo charquito, se empaparía de pies a cabeza (de algún modo conseguía hacerlo). Recuerdo un paseo de colegio donde los papás estuvimos invitados, fue en un parque muy lindo con un enorme lago. Y a una mamá a la que su hijo le ganó y se lanzó al lago antes de que ella pudiera detenerlo. La ropa de mi hija sirvió en ese momento para ese chiquito travieso, y me alegró haber sido previsiva. Creo que es algo importante a tomar en cuenta, meterte en la mente de tu hijo y anticipar las cosas que pueda llegar a hacer, porque también podrían ser peligrosas. Como muchos ya sabemos, nuestros hijos no suelen tener sentido del peligro o no lo desarrollan tan temprano como los otros niños.

A veces parecerá imposible seguirles el paso a nuestros hijos y averiguar qué es lo que quieren a cada momento, pero no se rindan. No pierdan la paciencia. La mayoría de las veces, cuando nuestros hijos gritan o lloran, es por un motivo, aunque no lo parezca a simple vista.

Cuando mi hija tenía unos tres o cuatro años, fuimos a una tienda de muebles y la cargué en brazos para ir a un lugar diferente, entonces ella comenzó a gritar y a llorar, a revolverse en mis brazos. Me tensé, asumiendo que una nueva rabieta sin control comenzaba, y comencé a alterarme yo también. En ese tiempo todavía desconocía el diagnóstico de autismo y no tenía idea de por qué mi hija actuaba así, debía ser mi culpa, la consentía demasiado... Asumí que debía continuar manteniéndola en brazos, por mucho que llorara. Pero por mano divina, mi hija se zafó de mis brazos a pesar de mis intentos de contenerla y corrió... a recoger el zapato que había tirado sin que yo me diera cuenta.

Ése fue el motivo de su angustia y de su llanto. Había perdido su zapato y quería volver por él. Me sentí muy mal.

Cualquier madre habría notado que su hija lloraba por un buen motivo, o eso lo pensé en ese momento. Es lo que solía pensar continuamente. Lo mala madre que era comparada a las otras.

En ese momento aún no sabía que tenía autismo, sólo que mi hija no hablaba, pero intentaba comunicarse de otros modos, expresar sus molestias, lo que sentía.

Debemos estar atentos a lo que ocurre con ellos. Muchas veces estos llantos en apariencia sin motivo realmente lo tienen, y ellos al no poder comunicarse o no poder conseguir hacerlo con la misma facilidad que otra persona, entran en estas crisis de las que les es muy difícil salir.

Como padres podemos intentar ver las cosas desde el punto de vista de nuestros hijos, tratar de entrar en sus cuerpos, en sus mentes e imaginar qué es lo que va mal, qué los molesta, qué los está alterando, por qué lloran.

Sea un suéter que les provoca picazón, un juguete perdido o una semillita de manzana, un zapato que se cayó cuando no nos dimos cuenta, por lo general habrá un motivo detrás.

A veces, la vida cotidiana puede ser causa de gran angustia y ansiedad para una persona con autismo. El mundo es un lugar ruidoso, grande y atestado de gente. Cosas o situaciones que para otras personas pueden parecer normales, para una persona con autismo pueden ser motivo de gran ansiedad. Debemos buscar la manera de superarlas, trabajar con ellas poco a poco, paso a paso.

Si a tu hijo le gusta llevar de un lado a otro un montón de juguetes, permíteselo, después enséñale a ordenarlos, usa esto mismo para motivar aquella conducta que deseas modificar, quizá que aprenda a ser ordenado, o puedes usar los muñecos para motivarlo a aprender algo nuevo.

La idea es ser ingenioso, buscar nuevas motivaciones guiados por nuestros propios hijos.

Ellos son los que nos darán las ideas para conseguir esto. Sólo debemos estar atentos para «escucharlos», observando detenidamente cada detalle de lo que nos intentan decir a su muy especial manera.

Con Marian, muchas veces he usado esta práctica. Sus propios peluches nos ayudan a entablar contacto con ella. Ponemos el muñeco frente a frente, de modo que guiado por el muñeco, Marian pueda vernos a los ojos y entablar una relación; también lo hemos usado para buscar que nos ponga atención en algo específico; una tarea de la escuela, una petición como traer algo, hacer algo, una orden. Poco a poco se va avanzando, es un largo trayecto, no lo olvides.

A mí, por ejemplo, aún me provoca una enorme ansiedad salir de casa. El estar en lugares nuevos, rodeada de mucha gente. Debo trabajar cada día en ello. Salir poco a poco, buscar horas donde no haya mucha gente, y si la hay intentar moderar mi ansiedad. Mi esposo me apoya constantemente, y es eso muy importante para mí. Saber que comprende por lo que paso y no me juzga, y por el contrario, me intenta ayudar a superarlo. Esto es algo en lo que he tenido que trabajar toda mi vida. Recuerdo una ocasión: cuando era niña, mi madre nos llevó a mis hermanos y a mí a una reunión enorme de gente, era uno de esos eventos religiosos donde se reunía una gran cantidad de personas. Y los separaban por edades...

No tengo idea de por qué, pero no sólo siempre he sido una persona bastante antisocial, sino que me ha costado mucho más mantener relaciones de amistad con gente de mi misma edad. Podía llevarme muy bien con personas adultas o niños pequeños, hablar y jugar con ellos, pero no con gente de mi misma edad.

Además, tenía intereses muy diferentes a los de las niñas de mi misma edad. A mí me seguían gustando las muñecas y las películas de Disney, leer y ver documentales de la naturaleza, cuando las niñas de mi edad ya pensaban en chicos y en maquillarse y hacer cosas de adolescentes mayores. Éramos muy diferentes, con intereses dispares. Y supongo que encajaba más con niños pequeños y con gente adulta.

Así que cuando llegó el momento de marchar con las chicas de mi edad, no quise ir. Tenía miedo, era algo desconocido y muchas veces esa clase de situaciones que tanto estrés y ansiedad me provocaban a mí, eran incomprensibles para mis padres o las personas que me rodeaban. Constantemente podía ver en sus caras: «¿Por qué no sólo eres normal y te adaptas igual que tus hermanos lo hacen?». Sabía que los decepcionaba y esto me dolía en el alma… Me hubiese gustado tanto que alguien se pusiera a ver las cosas desde mi punto de vista, que me entendiera un poco…

Y estos momentos los viví constantemente a lo largo de mi vida. Es por eso que para mí es tan importante recalcar el aceptar a nuestros hijos como son y ver las cosas desde su punto de vista, sin juicios, sólo con aceptación y amor.

Puede parecer que ellos no lo noten, que no les importe, pero lo hacen y les importa mucho. Yo nunca demostraba lo que sentía, pocas veces lloré siendo niña en esta clase de situaciones, era la clase de niña que me tragaba todo. Pero me dolía, y mucho.

No existen los padres perfectos, muchas veces fallaremos en este camino, y será todavía más difícil si nos topamos con problemas que no comprendemos. Ahora comprendo que mis padres y la gente que me rodeaba muchas veces no me entendieran, no sabían qué pasaba conmigo, por qué era tan diferente, tan callada, tan solitaria. Y por eso no sabían cómo lidiar conmigo.

De haber tenido un diagnóstico de niña quizá me hubiese ahorrado muchos de estos momentos amargos en los que me sentí tan sola, diferente a todos en el mundo. Muchas veces llegué a pensar que era una especie de aparato defectuoso que nadie podía querer, que nadie querría cerca, no era como los demás, así que nadie podría quererme así... Y ahora, ya con muchos de mis problemas superados —y luchando por los que todavía me aquejan—, es tan importante demostrarle a mi hija que la quiero y acepto tal como es. Para esto no se necesitan conocimientos, sólo tener abierto el corazón.

Y creo que las personas que lo tuvieron abierto conmigo fueron las mejores en mi vida. Aquellas que, aunque pocas, me supieron aceptar como era, rara y taciturna, solitaria y envuelta en una concha tan grande que prácticamente si te acercabas a mí podías escuchar el océano.

En esa ocasión, no me quedé con las chicas, fueron unas amables mujeres mayores las que salieron en mi rescate, las que con el corazón abierto, notaron mi pesar, mi pena, mi ansiedad ante la situación a la que me obligaban a integrarme, y me invitaron a ir con ellas.

Atendería con ellas la mesa de los bocadillos. Un sitio abierto, una mesa, unas dos o tres personas además de mí. Una situación que podía controlar.

Y al final, al lado de esas amables señoras, pasé una muy buena tarde en su compañía.

Debemos buscar aquello que pueda ser mejor para nuestros hijos, aunque para nosotros no parezca lo mejor, o lo más normal o natural. Seguramente mi mamá habría preferido que me fuera con las niñas, pero no se negó a que me quedara con las mujeres mayores. Y yo pude superar ese difícil momento.

Otros signos del autismo han sido difíciles para mí, pero con el tiempo los he ido superando y ya casi han desaparecido. Por esto es que sé, por mi propia experiencia, que muchas cosas del autismo pueden quedar atrás.

El ver a los ojos es algo que he tenido que trabajar durante años, y aún hoy me cuesta mucho en ocasiones. Es como conectar una fuente de energía, siento como una bola de fuego en el estómago, calentando lento, como si fuese una olla de vapor. Puedo soportarlo un tiempo, pero si éste se alarga demasiado, comienzo a sentirme ansiosa. Sin embargo, si llego a entablar una relación estrecha con esa persona, esto desaparece.

Nunca he tenido gran problema con el contacto, los abrazos no me molestan aunque sí el tener que saludar a gente que no conozco con un beso. Esto es algo que se acostumbra mucho en Latinoamérica y he tenido que trabajar en superar esto, aunque continuamente me resguardo con el dar la mano como una defensa para esta situación que muchas veces me supera.

Me cuesta una enormidad reconocer caras y acordarme de los nombres. Y esto empeora enormemente al salir, pues dos factores que me provocan ansiedad se juntan: salir y ver gente. Muchas veces he sido considerada como una persona grosera por no reconocer a alguien en la calle, pero es que sencillamente no lo veo. En mi mente, cuando salgo, debo poner una especie de escudo protector que me ayuda a enfrentar el mundo y mantener a raya la ansiedad que el estar fuera me provoca. Pero este mismo escudo me hacer ver el mundo como empañado, a través de un cristal, o como verías a través de una televisión; puedes ver a quien tienes enfrente, pero no las cosas que te rodean, a tus ojos aparecen como manchas borrosas.

También me han dicho que parezco «mamona» o pesada cuando me conocen, esto es porque continuamente tengo el ceño fruncido y una expresión seria. Debido a que suelo estar pensando en muchas cosas, no suelo conectar con lo que sucede a mi alrededor y este mismo escudo me ayuda a mantenerme en este estado como una forma de auto protegerme de los factores externos que podrían alterarme. Esto provoca que continuamente mi rostro parezca duro, molesto, como si estuviera enojada con el mundo.

Una vez, cuando era joven, fui a misa y al finalizar la ceremonia, el sacerdote buscó a alguien para sostener al niño Jesús. Me hubiera encantado sostenerlo, pero él sólo con verme a la cara se volvió y eligió a mi hermana y a otra chica. Casi como un reflejo, noté en sus ojos lo que pensó cuando me vio: «Ésta está enojada, mejor elijo a otra». Me tenía enfrente, era la primera opción, pero eligió a otras que no parecieran molestas por pedirles esa tarea.

Con los años me he esforzado en sonreír más, en parecer más relajada. Mi abuela me decía constantemente que me veía mucho más bonita si sonreía que estando seria, y seguramente es así, pero eso no era una motivación que me importara realmente. Lo que me ha llevado a sonreír más han sido mis hijas, ellas me han hecho mucho más feliz de lo que jamás fui, y las sonrisas naturales comenzaron a salir con facilidad desde que ellas están en mi vida.

Mis hijas me aceptan y me aman como soy, sin tapujos, sin juicios. Es un amor puro, una aceptación total. Y esto me ha ayudado más que todas las terapias para abrirme al mundo y conectar con él, para sonreír al fin. Y aunque muchas veces sigo manteniendo el ceño fruncido, sólo me basta verlas para sonreír.

Como ven, para una persona con autismo es primprimordial sentirse apoyada, respetada, aceptada. No importa el grado de autismo, es una condición indispensable para todo ser humano el sentirse querido y aceptado por quienes lo rodean, y es nuestra obligación como padres darles este amor y respeto a nuestros hijos.

Reír o llorar
Yo prefiero reír...

MUCHAS VECES, DENTRO DEL AUTISMO NOS VAMOS A TO-par con retrocesos en nuestro camino. No es algo para angustiarse, es completamente normal. Éste es un camino que hemos de transitar con lentitud y una paciencia infinita.

Mi hija tiene una obsesión con el agua. Esto le ocurre a muchos niños y personas con autismo, tienen una afinidad y una conexión especial con casi cualquier líquido.

De pequeña, mi hija continuamente se mojaba, encontraba fuentes de agua a pesar de que intentaba mantenerla todo momento bajo mi control. Sólo la perdía de vista un segundo y ya estaba metida en la bañera, con ropa y todo, o estaba jugando en el retrete, o con el garrafón del agua, o con la llave de la cocina…

Podía seguir enojándome por tener que cambiarla de ropa a cada rato, o podía encontrar una solución que nos gustase a ambas… Así que comencé a darle baños tres o cuatro veces al día.

Pero las cosas no pararon allí. Ver el agua en todas sus formas y colores se hizo casi obsesivo para ella. Y por agua, me refiero a cualquier cosa líquida. No recuerdo la cantidad de veces que inundó el baño, la cocina, mojó osos de peluche y todo lo que encontraba enfrente. Tuve que limpiar los pisos inundados de la cocina y cuartos de baños antes de que el agua se esparciera por toda la casa, porque mi hija dejó correr a propósito el agua de la regadera o del lavaplatos. Perdí la cuenta de las veces que dejó salir toda el agua de los garrafones, o cuando tiró por todo el piso botellas completas de aceite de cocina. ¿Saben lo difícil que es limpiar tanto aceite del piso? Yo lo aprendí a la mala en ese entonces. Debí recurrir a kilos de periódico y agua caliente jabonosa para quitar esa cosa resbalosa del piso antes de que alguien patinara y terminara rompiéndose la cabeza.

La peor ocasión fue cuando mi hija, en un segundo (porque todo esto ocurre en fracciones de segundo, como si se tratase de un robo de banco, y lo tuvieran planeado minuciosamente por horas o días enteros para realizar el golpe en el segundo oportuno de descuido y tan rápido que sea imposible detenerlo), le dio un baño al computador. Recuerdo haber dejado a mi hija viendo un programa para niños en la computadora, pues no teníamos televisión, mientras subía a buscar algo. Para cuando bajé, a los pocos minutos, ¡había inundado la computadora! Creo que nunca lloré tanto por la pérdida de algo. Estaba casi nueva, reemplazarla nos era imposible en ese momento y el aparato sencillamente estaba inundado, escurría, como un trapo mojado.

No la regañé, sólo me fui a llorar. Y ella supo que algo había hecho mal.

Nunca volvió a estropear otro aparato.

Las computadoras son cosas, ésa se perdió para siempre, no tuvo reparación (donde vivo todo se oxida muy rápido por el calor, la humedad y el salitre). Pero mi hija está bien y eso es lo más importante.

Fue un momento frustrante y que ocasionó una gran pérdida material, pero no es una situación que no enfrentaríamos en la vida cotidiana de todos modos.

Lo importante es superarlo y dejarlo atrás, aprender y seguir adelante.

Yo entiendo a mi hija y su obsesión por el agua. Es algo que yo también siento.

Muchas veces me retraigo. Puedo entender a mi hija que se quede por horas viendo el agua, porque es algo que desde siempre a mí también me ha llamado la atención.

El verla correr, introducir las manos u objetos, ver cómo cambian de color, la forma se distorsiona. Las gotas sobre la superficie, cada una diferente... Podría quedarme viendo por horas cada detalle.

Es por eso que entiendo cuando mi hija lo hace.

Yo también tengo todavía muchos retos que superar y también me he caído en el intento de salir adelante, he tenido retrocesos al igual que ella, cosas que antes parecían superadas vuelven a surgir... Pero si lo piensan bien, esto es algo que nos sucede a todos los seres humanos.

¿Cuántas veces hemos prometido no volver a comer ese postre, porque nos hace daño, y pronto nos vemos otra vez probándolo? ¿O ver aquel programa que no es bueno, pero igual estamos viéndolo? O prometemos ir a caminar todos los días para tener una mejor salud, y pasa otro año sin cumplir ese propósito.

Todos tenemos malos días, malos momentos, días en los que nos sentimos que todo nos sale mal... En el autismo vamos a tener varios momentos como éste, momentos en que no sabremos si ponernos a llorar o reír a causa de estos inconvenientes.

En mi caso, prefiero reír.

Y poner manos a la obra.

A lo largo de los años, un continuo problema con mi hija ha sido el controlar esfínteres. Suele hacerse pipí de noche, y a veces de día. Como no quiero que pierda por completo el control, no pongo pañales. Pero estoy cansada de tener que lavar colchones, sábanas y cojines. Sin mencionar que se están echando a perder de tantas lavadas, y además no tengo la solvencia en este momento para reemplazarlos.

Así que opté por una solución sencilla: forrar todo con material plástico.

Si a alguien no le parece buena idea, que no lo haga en su casa y punto. Si no le gusta, no es su casa, es la mía, y si no se ve bien, no me importa. A mí me ha ayudado enormemente a resolver el problema en el tiempo que superamos esta fase y evitar el estrés.

Es por esto tan importante que piensen en su familia y su bienestar primero. Si los amigos, los terapeutas o incluso sus parientes creen que lo que hacen no va bien, pero ustedes piensan que es algo efectivo y bueno para su hijo y su familia, algo que les está dando resultado, apéguense a ello, apéguense a sus ideas y pensamientos. Son ustedes los que están viviendo esta realidad, los que están caminando por este sendero, así que no permitan que esas opiniones los afecten. Aunque sean bienintencionadas, nadie conoce mejor su propia situación que ustedes mismos.

Otra de las cosas favoritas de Marian era tirar todo por la ventana. Constantemente encontré bajo mi ventana papeles, lápices, juguetes, cedes. Una vez se le ocurrió lanzar todas las cremas de bebé de su hermanita. Debía parecerle lo más divertido del mundo, y yo me reía con ella al encontrar toda esa cantidad de cosas debajo de mi ventana (tenía protecciones, así que no podía caerse, que era lo único por lo que podría preocuparme).

Cantidad de veces encontré sus osos de peluche en el microondas, seguramente ella debió creer que allí estarían seguros. O los DVD en el congelador, quizá para congelar el momento. Las cuentas de gastos, luz, teléfono, etcétera, en el refrigerador, seguramente allí se conservarían intactas. Mis cosas de maquillaje entre la fruta y la verdura. Quizá comparten colores similares o a los ojos de mi hija ese debería ser el lugar donde yo debería maquillarme.

En fin, hay tantas historias y anécdotas que sería imposible relatarlas. Lo importante es que en lugar de enojarme por no haber encontrado las cuentas de luz y agua que estuve buscando durante horas, para que aparecieran dentro del refrigerador cuando fui a hacer la comida, o que cada vez que iba calentar un plato de sopa tenía que quitar antes del microondas a una manada de osos de peluche, o ir a buscar mi rubor entre las manzanas, es que he aprendido a reírme y a apreciar el ingenio de mi hija.

No habrá otros momentos como esos. Ella ya no hace muchas de esas cosas, pero para siempre quedarán en mi corazón como hermosos recuerdos que me hicieron reír y abrazarla por lo ingeniosa que había sido, en lugar de enojarme y convertir aquel momento de alegría en uno de tristeza que quedaría grabado como un mal recuerdo en la memoria.

Mejor reír que llorar.

Mejor disfrutar y gozar cada momento con nuestros hijos, tal como son, con sus ideas e ingenuidad única, con esa imaginación que es casi fuera de este mundo.

Curiosidad y falta de miedo

Como he mencionado antes, las personas con autismo son muy sensibles, pero no sólo físicamente, sino que también espiritualmente. Por ello hay tantas personas con autismo que se dedican al arte. La idea de que las personas con autismo no tienen imaginación está desmentida. El autismo de muchas personas, más o menos la mitad, los conduce a tener un exceso de imaginación. Un refugio de mundos imaginarios que constantemente los conducen al arte, la pintura, la escritura y la música. Hay gran cantidad de personas con autismo con un talento innato en las artes.

Por otro lado, hay una gran cantidad de personas con habilidad en las matemáticas, la ingeniería y en muchas otras cosas. Es sabido que empresas de tecnología están abriendo plazas para personas con autismo por su habilidad en estos campos.

Sin embargo, es esta misma curiosidad lo que ha llevado a muchos niños con autismo a meterse en problemas. Esto aunado a la falta de miedo en ellos.

Muchos padres hemos afrontado el hecho de que nuestros hijos «huyan» o se «fuguen». Les parece lo más natural salir al ver una puerta abierta, o incluso salir corriendo en cuanto tienen una oportunidad, sin importar dónde nos encontremos, si en la seguridad de un parque o en la banqueta de una calle atestada de autos a toda velocidad.

Nuestro hijo saldrá corriendo sin temor al peligro.

O bien, abrirán la puerta y se alejarán por las calles sin temor a perderse.

Mi hija lo ha hecho una sola vez, y fue aterrador. Por un descuido olvidamos colocar los cerrojos y ella abrió todas las puertas y salió a la calle. Por suerte, contamos con unos buenos perros que la siguieron y armaron un buen escándalo a su alrededor, lo suficiente para llamar la atención de una vecina que nos alertó. La situación no llegó a mayores, pero sin duda pudo hacerlo.

Todos hemos leído las noticias de un pequeño con autismo perdido o que terminó con un final trágico llevado por su curiosidad…

Es por esto tan importante mantener la casa cerrada con llave, a nuestros hijos bien vigilados y cuando salimos, constantemente mantenerlos cerca de nosotros, tomados de las manos o seguros de algún otro modo. Algunos padres usan correas atadas a la cintura. Ahora hay perros entrenados para niños con autismo que se «anclarán» cuando nuestro hijo intente fugarse. Esto es que se echarán al piso y evitarán que nuestro hijo salga corriendo.

Entre las personas con autismo y los animales siempre ha habido una conexión especial.

Es por este motivo que muchos de ellos se calman o se relajan al estar cerca de un animal. A veces son caballos, otras veces perros o gatos. Depende de cada niño. Forman un lazo especial y ese animal les ayuda a controlar muchos aspectos del autismo.

En diversas ocasiones los perros calman a los niños en los momentos de peor ansiedad y les ayudan a dormir, pues el calor de su cuerpo los relaja y les hace sentirse seguros en la noche.

Marianita siempre ha sentido una atracción especial por todos los animales. Le encantan los perros, los gatos, los caballos. Y ellos son magníficos, a su lado se comportan de manera extraordinaria. Tenemos un perro que es como un ángel encarnado en cuatro patas, tiene una paciencia infinita con ella, y a su lado Marianita se relaja, y si llega a tener una crisis, se calma mucho más rápido que si no estuviera.

Para nosotros que Marian no tenga miedo ha sido una constante fuente de terror para nosotros. El que se lastime, se extravíe o algo malo llegue a pasarle nos preocupa. Con el tiempo esto ha disminuido, pero de pequeña llegó a lastimarse varias veces al cortarse con cristales que encontró en el camino y cogió por curiosidad, al pegarse hasta hacerse sangre porque asumió que podía hacer aquello sin que le doliera, o cosas tan asquerosas como tomar una cucaracha de la calle y abrirla en dos para saber qué tenía dentro.

Durante mi infancia, los miedos no eran los mismos que los que sentían otros niños. Por ejemplo, estaba segura de poder conseguir saltar de la ventana del segundo piso y haber estado en varias ocasiones sentada en la cornisa. Las películas de terror no me afectaban, no entendía por qué, por ejemplo, la gente le temía a un muñeco como Chucky, con esos colores brillantes y hermosos. Además, era un muñeco, ¿es que no podían patearlo y mandarlo a volar y ya? ¿Qué tan difícil podía ser pelear contra un solo juguete? Por otro lado, la película de *Superman* donde una mujer era transformada en robot, me daba un terror terrible. De allí le tomé una especie de terror a todos los robots, RoboCop y Terminator eran mis monstruos de pesadilla.

Mi hija no siente temor a muchas cosas que podrían ocasionarle miedo a otros niños. La he visto estudiando de cerca una avispa o una serpiente, cuando a otro niño le daría terror.

Recuerdo que una terapeuta una vez me comentó de un pequeño que tenía terror a los elefantes. Y los padres tenían el mismo problema que nosotros en ese tiempo con el agua de los garrafones, por lo que optaron por colocar una estampa de un elefante en el garrafón para alejar a su hijo de ellos. Fue un santo remedio, el niño no volvió a acercarse ni a tirar el agua. Yo todavía no encuentro el «elefante» de mi hija, pero por suerte ha dejado de interesarse en los garrafones. Por ahora...

Los miedos en nuestros hijos con autismo serán diferentes a los nuestros o a los de los otros niños. Lo más probable es que no sentirán temor a las mismas cosas que nosotros. Es nuestra responsabilidad protegerlos, y por ello es importante estar al pendiente y evitar que se lastimen, hasta que adquieran la madurez suficiente y puedan aprender lo que no deben hacer.

Mi hija, única y diferente a todos los demás. Con o sin autismo

HAY NIÑOS CON AUTISMO QUE SON CAPACES DE VIVIR una vida rutinaria, similar a la de cualquier otra persona. Niños que son capaces de acudir a una escuela regular con otros niños neurotípicos, niños a los que el autismo no presenta mayores inconvenientes en su vida.

Otros niños deben acudir a un sin número de terapias, asistir a escuelas especiales y llevar una vida constantemente supervisada.

El primero es mi caso, el segundo es el de mi hija. Una vez más, el mismo espectro y grados muy diferentes de autismo.

Sin embargo, esto no es lo importante en lo que debemos centrarnos, sino en ayudar a nuestros hijos en todo lo posible sin dejar que nos afecte.

A muchos padres a veces nos frustra ver que unos niños avancen más que nuestros hijos, ver las constantes mejorías en otros niños mientras nuestros pequeños parecen continuamente estancados en el mismo lugar.

Es importante no dejarnos llevar por este sentimiento negativo. Nuestro hijo va a avanzar a su propio ritmo, y lo que él pueda conseguir superar. No debemos sentirnos frustrados y desembocar esta frustración en ellos. No es justo para nuestros hijos.

A ningún niño le gusta ser comparado con otro. Ni siquiera con sus hermanos. Es lógico que tampoco le guste a nuestro hijo con autismo.

Como he mencionado antes, es muy importante hacerlo sentir seguro, aceptado y amado tal como es. Compararlo continuamente con otros pequeños no sólo lastimará su autoestima y sentimientos, sino que no ayudará en nada ni a ellos ni a ustedes.

Cada niño es único, ama a tu hijo tal como es, sin juzgarlo ni esperar grandes progresos salidos de la nada. Que cada paso que tu hijo dé hacia adelante sea un logro. Y cada paso hacia atrás un reto más para perseverar y no rendirse.

Esto no es algo que sólo nosotros como padres con autismo debemos hacer con nuestros hijos todos los días. Es algo que todo el mundo hace en sus vidas, en sus trabajos, con los problemas que puedan surgir en la vida, con hijos neurotípicos o con otros trastornos o enfermedades.

La vida no está garantizada, si te sientes mal hoy por tener un hijo con autismo y te gustaría que hubiese nacido completamente «normal», recuerda que la vida es un constante sube y baja de acontecimientos. Hay cientos de niños que han nacido bien, pero luego se enferman, o sufren un accidente, o deben enfrentar situaciones inesperadas… Y esas familias también deben afrontar los momentos difíciles que surjan en su camino, les guste o no, les ocasione frustración o tristeza, deben hacerlo. Al igual que nosotros, padres de niños con autismo.

Debemos ser padres pacientes y amorosos, tenaces y fuertes, constantes y perseverantes.

Ponernos en los zapatos de nuestros hijos para ver las cosas que deben enfrentar desde su perspectiva, al mismo tiempo que buscamos la manera de afrontar esos retos y superarlos.

Con el tiempo todo irá mejorando, confía en ello.

Mis padres nunca me trataron diferente. Me daban mi espacio, pero también me obligaban a comportarme, a hacer otras cosas distintas a las que sólo me interesaban, a convivir en familia y salir. Esto me ayudó a enfrentar las situaciones que me ocasionaban ansiedad y miedo. Tuve retos en mi vida que no pude evadir, de otro modo seguramente me habría quedado encerrada en mi habitación segura y confortable, dentro de mi concha de mar, por el resto de mi vida. Mis padres me dieron las armas para enfrentarme al mundo, y cuando mi seguridad fallaba, allí estaban ellos para apoyarme.

No recuerdo la cantidad de veces que mi madre me repitió «eres más inteligente de lo que crees» cuando yo quería rendirme porque creía que no tenía la capacidad de superar algún problema en alguna materia de la escuela o la universidad. O la cantidad de veces que mi papá, con una sonrisa en los labios, me decía: «estás demasiado loca», pero en un sentido bueno, en un sentido que me hacía sentir única y especial, que mis ideas eran importantes e innovadoras, como las de los genios locos que tanto admiro.

Ellos creían en mí. Creen en mí.

Y esto es muy importante para mí, y ha sido fundamental para superar mis retos y enfrentarme al mundo.

Para una persona con autismo el enfrentarse al mundo puede ser más difícil de lo que algunas personas puedan siquiera llegar a imaginar. Es difícil superar la ansiedad.

Es tu tarea como padre encontrar aquello que lo haga sentirse seguro. Hacerle saber que tú crees en él, sin importar qué. Y que aprecias la forma única de su ser, de ver el mundo, su individualidad, su inteligencia, su propia «locura».

En el programa Son-Rise recalcan la importancia de permitir a los niños cierta libertad incluso con sus conductas, los llamados estereotipos o ismos, como ellos suelen nombrarlos.

Estos movimientos repetitivos como balancearse, girar, mover las manos así como otros patrones, como recorrer la casa o un lugar al llegar, son algo que muchas veces ellos necesitan para sentirse bien, para calmarse. Rutinas que son necesarias para nuestro hijo, y por lo tanto no deberíamos intentar arrancárselas.

Si lo toman desde otra perspectiva, todos tenemos rutinas como ésta. ¿Te gusta tomar una taza de café cargado cada mañana? ¿Por qué? Es algo repetitivo que te hace sentir mejor, ¿no es así? ¿Por qué nos gusta balancearnos en las mecedoras o los columpios? ¿Te relaja? ¿Te calma? ¿Te da alegría? ¿Has notado que es el mismo movimiento de balanceo que suelen hacer los niños con autismo?

Aún no se sabe a ciencia cierta el motivo, pero los movimientos repetitivos ayudan a nuestros niños a sentirse mejor, a calmarse, a sentirse más seguros.

Temple Grandin también habla de que es bueno permitirles a los niños girar o hacer estos estereotipos, a veces es necesario para ellos. Y si notamos con atención cuando nuestros hijos los hacen, se ven de hecho felices...

Ya sea que hagan el movimiento con todo su cuerpo o sea sólo un movimiento de una mano o un sonido, es importante para ellos. Y si esto le ayuda a tu hijo a sentirse mejor, ¿entonces por qué querer quitárselo?

Muchas veces, en la mente de tu hijo no se entenderán las mismas reglas que son tan claras para todos los demás, y no comprenderá por qué deseas modificar aquello que lo hace sentirse seguro o mejor.

Ponte en su lugar, si a él le gusta llevar un montón de juguetes cuando sale, seguramente es porque aquello le brinda cierta seguridad cuando todo el mundo a su alrededor cambia. Mi hija no puede salir sin sus ligas de pelo, sus plumas o semillitas de manzana. Nosotros decidimos permitir que los llevara, que pasara por esas etapas hasta que por sí misma perdió el interés en esos objetos.

Le ponemos reglas, pero adaptadas a ella; si vamos a entrar al súper, por ejemplo, debes dejar las ligas en el auto o podrías perderlas. Y ella ya sabe que cuando se baja del auto, dejará adentro sus ligas y que al regresar allí estarán.

A veces ayuda ponerte en el mismo lugar de tu hijo. Si él gira, gira con él. Si se balancea, balancéate con él. Siente lo que está sintiendo, qué es lo que está experimentando, vas a sorprenderte, o al menos compartirás ese momento con él. Esto significa mucho para un niño con autismo, para tu hijo.

Quizá no consigas comprender de lleno lo que tu hijo sienta, o tal vez te parezca lo más maravilloso del mundo, lo importante es que lo estás intentando, conectando con él, y él lo notará. Fíjate bien, seguro que incluso te mirará de reojo. Sabrá que estás intentando entenderlo y eso será invaluable para él. Y seguramente será el inicio de una conexión más profunda con tu hijo y de una comprensión mayor de lo que siente.

Lo más importante es aceptar a tu hijo tal como es, con movimientos, ismos, con todo lo que venga. Te unirás en su alegría y forma de disfrutar la vida y con ello, aprenderás una forma completamente nueva de ver el mundo.

Nos ha llevado años de esfuerzo, pero paso a paso vamos mejorando. Ahora salimos con nuestra hija con reglas establecidas que ella entiende, pues las hemos moldeado para ella. Y si de pronto la ansiedad le gana y grita, no la reprendemos, le explicamos que allí no puede gritar de momento, y si estamos en un sitio donde no pasa nada por gritar, gritamos con ella o nos reímos. Y si a alguien no le gusta, que se friegue. No vamos a permitir que una mirada insidiosa o un comentario mal intencionado nos arruine el momento.

Aceptar y amar a nuestra niña por quien ella es, ha sido la mayor lección que hemos aprendido en este camino del autismo.

Como un mantra para toda su vida, repíteselo a tu hijo siempre, cada día, cada momento alegre o difícil, cuando pierdas la paciencia, si estás pasando una dificultad, repítelo para ti y repíteselo a él:

¡Te amo y te acepto tal como eres!

Mi hija con autismo, mi ángel en la tierra

MARIAN ES PARA MÍ UNA IMAGEN DE LUCHA, DE NOBLEZA, de inocencia y sobre todo de amor. No buscamos dar lástima o compasión, somos guerreras que no se rinden, guerreras de vida, compañeras del amor de madre e hija.

Nuestra vida no ha sido fácil. Nuestra familia es especial, y ello conlleva muchas alegrías, pero también dificultades. En especial para mi esposo y para mí como pareja.

Para las parejas siempre es difícil tener un niño especial. Se sabe que cerca del 90 % de las parejas con un hijo con autismo se divorcian.

Sin embargo, el tener a esta niña especial también nos ha unido como nunca imaginamos, nos ha hecho más fuertes, somos equipo, como una unión indivisible para enfrentar lo que nos traiga la vida.

Recuerdo varias ocasiones cuando Marian era pequeña, tras alguna discusión ella se acercaba a nosotros y nos tomaba de las manos, nos las unía, buscando reconciliarnos, mantener la paz, el amor de nuestra familia.

Con acciones, ella dejaba más claro que con cualquier palabra lo que deseaba su corazón.

Tenemos esa conexión, una conexión sin palabras. Muchas veces somos capaces de saber lo que ella quiere con sólo verla a los ojos. Ha sido difícil llegar a ello, y aún tenemos muchos momentos de frustración, pero sabemos que estamos conectadas, encaminadas, comprendiéndonos de un modo que sólo un lazo verdadero de amor puede forjar.

Han habido tantos momentos en que Marianita me ha hecho reír con sus «excentricidades». Su ternura extrema, como encontrar uno de sus ositos de peluche acostado en la cama, perfectamente tapado con la cabeza en la almohada ¿cómo puede alguien decir que no tiene conciencia de sí misma? ¿Que no se percata de nada?

Yo lo veo imposible.

Marianita es una niña especial, es un ángel en nuestra vida, aunque a veces pareciera que le salen cuernitos, con sus travesuras y rabietas, sigue siendo un ángel, un alma pura y buena, una niña inocente que cada día nos enseña una nueva forma de ver la vida.

Una niña llena de amor, que nos ha conducido a convertirnos en mejores seres humanos.

Es por ella que cada día lucho para dar a conocer el autismo; en cada novela que escribo creo un personaje especial, la mayoría de las veces uno con autismo. Mi meta es dar a conocer este tema entre la gente, poner mi granito de arena para ayudar a la causa, luchar para conseguir un mundo mejor para ella y todas las personas con capacidades diferentes, un mundo donde la integración, la igualdad y el respeto sean atributos habituales en cada persona.

No es un mundo de ellos y el nuestro, es el mundo de todos, y todos tenemos derecho a vivir en él.

El autismo es un sendero empinado con muchos obstáculos en el camino, pero también es un sendero hermoso, rodeado de gente que se llega a convertir en verdaderos amigos, de nuevas enseñanzas de amor y aceptación, y en especial, un sendero único que recorres de la mano de la persona que más amas: tu hijo.

Para mí, Marian es un ángel, una persona que no tiene igual en este mundo, no la cambiaría por nada. Es inteligente, tierna y amorosa, su sonrisa es capaz de iluminar un universo entero. Nuestro universo.

Cada día con ella es un regalo. Me ha enseñado a crecer como ser humano, a ser más confiada en mí misma, a ser fuerte, a ser valiente, a buscar la manera de salir de mí misma para luchar por ella.

Mientras intentaba enseñarle a vivir en este mundo, ella me ha enseñado mucho más de lo que jamás yo podría enseñarle a ella.

Con Marian he aprendido más que en toda mi vida antes de su llegada, me ha enseñado a salir de mi propia burbuja, a ser un mejor ser humano, a intentar ser una buena madre para ella y su hermana.

Tenemos momentos inolvidables juntas, momentos que no habríamos podido vivir del mismo modo si ella no tuviera autismo.

Como el día en que fuimos al parque, sólo las dos, y nos sentamos en el pasto a observar el atardecer, rodeadas de mariposas que debido a nuestra quietud, se nos posaban en las manos, como si fuéramos parte del paisaje.

Nunca olvidaré la enorme alegría que sentí el día que encontré ese osito de peluche acostado en mi cama, bien tapado y listo para dormir. Me dieron ganas de gritarle a todos esos médicos y psicólogos: «¿No que no hacía juegos imaginativos?». Para nosotros fue el equivalente a un paso en la luna.

O el día en que noté que Marian parecía un poco nerviosa, se movía de un lado para otro, pensativa. Fue cuando me di cuenta de que había tomado unas tijeras, así que la seguí y descubrí que uno de sus ositos favoritos se había quedado atorado entre los postes de una silla. Ella inteligentemente pensó que con las tijeras podría cortar una de las tiritas de tela, que conformaba una de las piernas.

Pero no lo hizo. Ella dudaba, se veía en su carita contraída mientras acercaba las tijeras a la tirita de tela, para enseguida retirarlas, como si no se atreviera a cortarle la pierna al osito. Era claro que pensaba algo así como: «Si le corto la pierna, lo liberaré, pero le dolerá… No quiero hacerle daño».

Esa es mi niña especial, la pequeña con un corazón tan grande que finalmente no quiso cortarle la pierna a su osito y fue a buscarme, para llevarme de la mano hasta la silla y pedirme a su manera que liberara al oso por ella.

Ella no le haría daño.

Así son nuestros pequeños con autismo, ángeles en esta tierra, niños que nunca harán daño a nadie a propósito, niños con un corazón tan grande como no podemos siquiera imaginar.

Este mundo sería mucho mejor si todos tuviésemos un corazón tan grande y puro como el de estos angelitos, nuestros niños con autismo.

Si esta sociedad, a veces tan engreída, narcisista y materialista, pusiera más atención en las cualidades de gente como ellos, viviríamos en un mundo mucho, mucho, pero mucho mejor.

Se nos ha enseñado a lo largo de nuestra vida que la naturaleza es cruel y competitiva, y por lo tanto, así debe ser también el ser humano. La supervivencia del más fuerte, del más hábil.

Pero esto no es en todo cierto. Sí, hay ocasiones en que la naturaleza es cruel, pero también es compasiva, y en especial para nosotros como seres humanos, esto es una realidad.

Se habla de que Darwin decretó las bases de la supervivencia del más hábil, y que para sobrevivir debías demostrar ser el mejor por encima de los otros. El fuerte se come al débil. Sin embargo, esto fue una ínfima parte de su teoría. Él descubrió que aquellos que sobreviven en la naturaleza son los que han sabido ayudarse mutuamente, socorrerse, aquellos que han demostrado compasión por otros (y realmente la mayor parte de su teoría se basa en esto pero no fue tan popularizada).

Aquellos animales que viven en manada, socorriéndose los unos a los otros, sobreviven mejor que aquellos que lo hacen solos. Y para nosotros como seres humanos esto es fundamental, nosotros que no poseemos colmillos, ni garras, que no somos tan fuertes o rápidos como otros animales, dependemos de nuestra más grande fuerza para sobrevivir: la unión.

Y nuestro mayor instinto en esta unión es la compasión. La solidaridad hacia otros, el amor hacia nuestro prójimo.

Desmond Tutu dijo: «Una persona es una persona porque reconoce a los otros como personas».

Si nuestra sociedad dejara de apartar a aquellos que son diferentes, si reconociera en cada individuo a una persona pensante, capaz y con los mismos derechos que cualquier otra, si fuera una sociedad basada en el respeto y la paz, viviríamos en un mundo mucho mejor.

Es importante para nuestra sociedad que se enteren de lo que es el autismo. La ignorancia y falta de aceptación deben dejar de existir. Debemos unirnos para luchar por nuestros hijos, para buscar un mundo mejor para ellos, un mundo que esté basado en el amor y la aceptación.

Qué diferente sería nuestra realidad hoy en día si estuviésemos rodeados de más gente de corazón puro como nuestros hijos.

Es por ello que cada día lucho, a mi manera, por dar a conocer esta causa. En cada libro, con cada personaje, mi meta es dar a conocer el autismo. Un grano de arena en el vasto desierto de este mundo. Pero un grano es un grano, un pasito más hacia delante.

Quizá algún día mi sueño se haga realidad, y ayude a conformar un mundo mejor para mi hija.

Un mundo más acorde a lo que ella es: un mundo lleno de amor y profundidad espiritual. ✺

Bibliografía

Kubler-Ross, *Elisabeth: On grief and grieving: finding the meaning of grief through the five stages of loss.* Simon & Schuster, Nueva York, 2005.

Conferencias

Dalai Lama, charlas en la Universidad de Santa Bárbara, California, 2009; «El Arte de la felicidad», 2007.
Grandin Temple, charla impartida en Santiago de Chile, 13 de noviembre de 2013: https://www.youtube.com/watch?v=F-LqXs XvhtM, consultado en octubre de 2015.

En línea

«Intoxicación por plomo y salud» Nota descriptiva 379, octubre de 2014. Organización Mundial de la Salud: http://www.who.int/mediacentre/factsheets/fs379/es/.
«Contaminación por metales pesados», Secretaría de Medio Ambiente y Recursos Naturales, agosto de 2009: http://www.inecc.gob.mx/sqre-temas/763-aqre-metales.
«Parches que ocasionan el autismo», en *The New England Journal of Medicine,* marzo de 2014: http://www.nejm.org/doi/full/10.1056/NEJMoa130749.

«Se determinó que la intervención temprana para el autismo normaliza la actividad cerebral en niños tan pequeños como 18 meses de edad», UCDavis Health System: http://www.ucdmc. ucdavis.edu/publish/news/newsroom/7094.

«Poda neuronal». Universidad de Columbia, 2014: http://www. medciencia.com/descubren-la-causa-real-del-autismo/.

«Loss of mTOR-Dependent Macroautophagy Causes Autistic-like Synaptic Pruning Deficits Neuron», Volumen 83, página 1482, en línea: http://www.cell.com/neuron/abstract/S0896-6273(14)00651-5.

«El cerebro de las personas con autismo tiene un exceso de conexiones», publicado en el periódico ABC, agosto de 2014: http:// www.abc.es/salud/noticias/20140822/abci-autismo-cerebro-exceso-sinapsis-201408211814.html.

«Resecciones quirúrgicas: extirpación de una porción del cerebro. Epilepsia en Latinoamérica», Northeast Regional Epilepsy Group. http://www.epilepsia.net/informacion-sobre-epilepsia/informacion-sobre-epilepsia/resecciones-quirurgicas-extirpacion-de-una-porcion-del-cerebro/.

http://www.eldefinido.cl/actualidad/mundo/5358/El-nuevo-Einstein-del-siglo-XXI-un-nino-autista-de-16-anos/

http://www.bbc.com/mundo/ultimas_noticias/2013/05/130513_sociedad_jacob_barnett_autismo_futuro_premio_nobel_ap

www.autismspeaks.org

www.tutu.org/timeline/

http://columbiasurgery.org/wendy-k-chung-md-phd

http://www.ted.com/talks/wendy_chung_autism_what_we_know_and_what_we_don_t_know_yet

http://www.consumer.es/web/es/medio_ambiente/urbano/2010/05/31/193416.php#sthash.OcsJp9nG.dpuf

http://articulos.mercola.com/sitios/articulos/archivo/2015/07/04/microperlas.aspx

http://www.consumer.es/web/es/medio_ambiente/urbano/2010/05/31/193416.php#sthash.OcsJp9nG.dpuf

http://hogar.uncomo.com/articulo/como-limpiar-con-alcohol-de-quemar-27396.html#ixzz3f8P7BVLv

http://mx.selecciones.com/contenido/a3408_5-cosas-que-puedes-hacer-con-alcohol-desinfectante

http://www.i-perros.com/enfermedades-garrapatas.html

http://medicinasnaturales.net/26-increibles-usos-para-las-cascaras-de-limon/

http://www.ehowenespanol.com/lavanda-repelente-bichos-garrapatas-sobre_39648/

http://www.nlm.nih.gov/medlineplus/spanish/druginfo/natural/838.html

http://mejorconsalud.com/los-mejores-repelentes-caseros-para-mosquitos/

http://www.extertronic.com/exterminar-cucarachas-problema.htm

http://www.salud180.com/salud-z/5-beneficios-de-la-lavanda

http://www.hort.purdue.edu/newcrop/proceedings1999/v4-469.html

https://telmajr.wordpress.com/2011/11/03/hierba-del-chivo-ageratum-conyzoides/

https://retornoalatierra.wordpress.com/2013/05/20/plantas-repelentes/

http://www.ecoagricultor.com/plantas-medicinales-cultivo-y-usos-de-la-calendula/

http://diezmejores.mis-remedios-caseros.com/usos-para-menta/

http://www.cuerpomente.es/planta.jsp?ID=32064

http://ecomaria.com/blog/el-uso-del-ajo-como-repelente-de-plagas-insectos-y-como-control-de-enfermedades-criptogamicas/

http://vivirsalud.imujer.com/5025/para-que-sirve-el-ajo-en-ayunas

http://www.agricultura-ecologica.com/index.php/Agricultura-ecologica/el-ajo-como-insecticida-repelente-y-fungicida.html

http://www.ehowenespanol.com/ajo-repelente-natural-mosquitos-hechos_324499/

http://vidaverde.about.com/od/La-vida-antigua/a/Ajo-Cura-Todo.htm

www.autismodiario.org

Son-Rise Program

http://www.autismtreatmentcenter.org/contents/getting_started/autism1.php

Terapia ABA

http://www.autismoava.org/todo-sobre-aba.
https://www.abainternational.org/

Terapia TEACCH

http://www.teacch.com/
https://teacch.com/about-us/what-is-teacch

Terapia de lenguaje

http://www.psicopedagogia.com/terapia-lenguaje
https://www.understood.org/es-mx/learning-attention-issues/treatments-approaches/therapies/what-you-need-to-know-about-speech-therapy

El programa PECS

http://www.pecs-spain.com/pecs.php
http://autismoaba.org/contenido/introduccion-basica-de-pecs.

Lenguaje de señas en niños con autismo

http://www.viu.es/blog/las-ventajas-del-lenguaje-de-senas-en-ni-nos-con-nee/

Terapia ocupacional

http://www.chacarilla.com.pe/especialidades/terapia-ocupacio-nal-en-ninos/

Terapia física

http://www.livestrong.com/es/ejercicios-terapia-fisica-info_16395/
http://www.micerebro.com/pddq10.shtml

Colorantes y conservantes artificiales

http://www.cricyt.edu.arMejorconsalud
http://mejorconsalud.com
http://vivirsalud.imujer.com/5068/los-peligros-de-consumir-ali-mentos-con-colorantes-artificiales

Lácteos

http://www.ecoportal.net/Eco-Noticias/Harvard_elimina_la_le-che_y_demas_lacteos_de_la_dieta_saludable
http://www.hsph.harvard.edu/chc/wmy/images/Eat_Well_Stay_Active_Spanish.pdf

Dieta GFSFCF

https://www.healthychildren.org/Spanish/healthy-living/nutrition/Paginas/Gluten-Free-Casein-Free-Diets.aspx

Candida

http://www.candidiasiscronica.org/Autismo%20causado%20por%20C%C3%A1ndida.htm

http://www.greatplainslaboratory.com/home/span/candida.asp

Intestino permeable

http://www.investigacionyciencia.es/revistas/mente-y-cerebro/numero/71/influencia-de-las-bacterias-intestinales-en-el-autismo-12940?utm_source=SciAmEsp&utm_medium=Ence&utm_campaign=linkbuilding

http://www.ncbi.nlm.nih.gov/pubmed/8888921?dopt=Abstract

http://www.ncbi.nlm.nih.gov/pubmed/11907349

Fuentes de calcio

http://www.ivu.org/ave/calcio.html

http://www.adelgazar5kilos.org/nutricion/huevo/como-hacer-calcio-casero-con-cascara-de-huevo/

http://www.guioteca.com/nutricion/%C2%BFcomo-aprovechar-el-calcio-de-las-cascaras-de-los-huevos/

Limpiadores seguros
para circunstancias específicas

http://www.faromedico.com/limpiadores.html

Limpiar la casa sin químicos

http://vidaverde.about.com/od/El-hogar-verde/tp/7-Recetas-Para-Limpiar-La-Casa-Sin-Quimicos.htm

http://mejorconsalud.com

http://www.vidanaturalia.com/productos-de-limpieza-naturales-y-caseros/

http://www.ycomo.net/hogar/limpieza-y-orden/1307-usos-del-borax-para-la-limpieza-del-hogar#ixzz3eh6UNy4I

http://www.ideasverdes.es/

http://www.labioguia.com/notas/18-increibles-usos-para-el-vinagre-blanco

http://www.diariodespertador.com/index.php/sociedad/belleza/439-propiedades-del-vinagre

http://casa.univision.com/organiza-tu-casa/article/2013-07-15/usos-vinagre-en-cocina-manchas-limpieza-del-hogar

http://www.consejosdelimpieza.com/2013/04/100-usos-del-bicarbonato-de-sodio-en.html

http://mejorconsalud.com/como-limpiar-la-casa-con-bicarbonato.

http://www.ecoosfera.com/2013/02/7-maneras-de-utilizar-un-excelente-limpiador-natural-la-sal/

http://mejorconsalud.com/usos-de-la-sal-para-la-limpieza-hogarena/

http://www.lagranepoca.com/archivo/34074-medicos-piden-no-usar-triclosan-antibacteriano-jabones-resulto-ser-toxico-al-higado.html

http://www.dietametabolica.es/toxicos.htm

En cada libro que se publica, es enorme la cantidad de personas a las que tengo que agradecer por su apoyo y ayuda, aunque no puedo mencionar a todos, ustedes saben quiénes son, muchas gracias de todo corazón.

Quiero agradecer especialmente a Yeana González por la oportunidad para dar a conocer un poco de lo que he aprendido en el camino del autismo al lado de mi ángel, y gracias a Alicia Quiñones por todo tu apoyo y paciencia. Son grandes editoras, mil gracias. También quiero agradecer a Ediciones B y a todas las personas que han formado parte de este libro: Laura, Carmen y Mary.

A mi querida hermana, Ximena, tan sabia e inteligente; sin ella este libro ahora no existiría. Gracias, querida hermana, siempre estoy orgullosa de ti, mi maestra graduada de Harvard. Te quiero, hermanita, mil gracias por tu cariño, nunca tendré palabras para agradecerte por todo lo que haces por mí.

A mis padres, quienes son el mayor ejemplo de amor y apoyo incondicional. Mamá, mi adorada mamita, gracias por ser el pilar en el que sostenerme, por tantos años de paciencia y amor. Gracias por siempre estar ahí para mí. Te amo con todo el corazón. Tu sabiduría y bondad son una constante inspiración para mí. Gracias por ser mi hombro para llorar, por aconsejarme en todo momento, por no dejar de creer en mí. La fuerza de tu amor es el motor para llegar a mi meta: ser una mujer tan extraordinaria como tú.

A mi esposo, tú, mi compañero en esta senda del autismo, gracias por tu apoyo y cariño. Los dos sabemos lo duro que ha sido, pero sin duda hemos sabido encontrarle el lado más positivo y alegre a esto, algo que no habría conseguido sin ti. Gracias, amor, por ser ese padre y esposo excepcional.

A mis queridos hermanos Rober, Tom y Panchito: son increíbles como seres humanos, siempre sonrientes y capaz de hacer reír a cualquiera con sus ocurrencias, y a la vez tan tiernos que son capaces de conmover a todos. Tienen un corazón gigante, los quiero y siempre les agradeceré el ser tan grandes hermanos, y no hablo sólo del hecho de que me rebasen por dos cabezas.

Los quiero con todo el corazón. A mi hermosa familia y amigos, mis queridas abuelas Nonna y Tatá, a mis tíos y tías que siempre han estado apoyándome, tía Martita, padrino Ulises, madrina Pili, tío Ramiro, tío Marcelo, tío Jano, tío Leo, tía July, tía Paty, tía Flavia, Pili y Marce. No los puedo nombrar a todos, pero saben que los quiero muchísimo.

Mis adorados primos: Pepa, Fernanda, Camila, Rocío, Claudia, Caro y Seba… Siento no poder mencionarlos a todos, pero ustedes saben que los quiero con todo el corazón.

Por supuesto, a mi familia mexicana: mis suegros Noemí y Marco, y toda la familia Carvajal y Estrada; a mis queridos tíos Álvarez y su hermosa familia, en especial a mi tía tía Vivi y mis primas, que siempre están allí: Vivi y Faby, gracias por su cariño incondicional.

Mi querida cuñada Paulina, mi nueva hermana, tan cariñosa y linda.

Mis queridos amigos, los que siempre me han apoyado con palabras de aliento, en especial a Martita quien pese a que vive en España, siempre me ha impulsado a seguir, me ha corregido cuando es necesario: ¡eres una excelente amiga, muchas gracias por tu cariño! En México y Chile hay tantos amigos: Rebeca, siempre has sido un ángel conmigo; Lysette, Paola, Claudia, Marta, Isa, Rich, Stephy, Giannina, Larisa, Gaby, Dany, Paty, Inma y Luz, mi queridísima hermanita planetaria; no quiero dejar de mencionar a mi querida Rebecca Villa, que me has apoyado con tanto cariño.

Muchas gracias a todos ustedes, que siempre han estado allí para escucharme, apoyarme y darme su amistad. Gracias a todas las instituciones, colegios y profesionales que nos han ayudado en esta senda. Sin duda han sido grandes maestros para nosotros. Y gracias, miles de millones de gracias a todos ustedes, queridos lectores, que me han apoyado y seguido, sin ustedes nada de esto sería posible.

Contenido

¿Autismo...?
de Estrella Rubilar Araya
se terminó de imprimir y encuadernar
en noviembre de 2015 en Programas Educativos, S. A. de C.V.
Calzada Chabacano 65-a, Asturias DF-06850, México.